書山有路勤為徑
學海無涯苦作舟

書山有路勤為徑
學海無涯苦作舟

投資夢想 創兆未來
孫正義的創投人生

秦商書——著

- Soft Bank 軟體銀行創辦人
- 全世界最大的投資大買家，投資IT產業近1300家
- 軟體銀行是阿里巴巴最大股東，擁有其三分之一的股權
- 他投資阿里巴巴總獲利高達2500倍，讓巴菲特望洋興嘆
- 在網際網路雅虎估價最高時，曾超過比爾蓋茲成為一天的世界首富
- 「向世界挑戰」預見未來是現階段最大目標

前言 願和你們一起成功

這些年，我見過不少創業者，很多創業者都在各種各樣的問題中打轉，難以自拔。剛創業的人可能在為資金、設備發愁；拿到創投基金投資的人也可能還在摸索當中，他們可能只看到大趨勢，具體的切入點並不清楚；哪怕是手握明星產品的創業者，他們也不得不面臨這樣的問題：產品在獲得短暫高速增長後，迅速跌入乏力期。

看起來這是單一創業者的問題，其實他們的困境是有共通性的。

除了創業者自己摸著石頭過河，向成功的創業者，尤其是向「九敗一勝」類的創業者學習，是避免走彎路的重要方式。「久病成良醫」，創業路越崎嶇，創業者的經驗就越豐富。

本書的主角——孫正義，就是一個很好的學習對象，因為他在創立軟銀的過程中很有些「多災多難」的味道。

1957年8月11日，孫正義出生於日本佐賀縣鳥棲市。因為身上的「韓裔」血統，孫正義遭到了當地人的排擠。後來他想貸款創業時，也因為「出身不正」被銀行拒絕。

1969年，年僅12歲的孫正義首次進行「商業創業」——幫助父親力挽瀕臨倒閉的咖啡店。

在加州大學柏克萊分校就讀期間，孫正義成立了自己的第一家公司。在沒有資金、設備、技術的情況下，孫正義成功開發了世界上第一款袖珍語言翻譯機。

1981年，學成歸國的孫正義創建了Soft Bank（軟銀）。就在軟銀逐漸走上正軌的時候，孫正義被告知罹患重病，生命不超過5年。

十多年打拚，孫正義終於在1994年讓軟銀成功上市。之後孫正義發起了一場瘋狂的收購活動，短短幾年內，孫正義在全球投資了超過450家互聯網公司。這看起來很光鮮，但埋下了巨大的隱患。

1999年，互聯網經濟開始逐漸失控。納斯達克指數如實地再現了泡沫破滅的過程：從2000年3月10日的5050點到3月15日的4580點，短短6天時間內，納斯達克就損失了將近9個百分點。

蕭條過後，滿地都是破產的互聯網公司「屍體」，孫正義投資的公司也損失慘重，軟銀股價一度下跌到只有原來的1%，孫正義也是一身負債累累。創業20載，孫正義又回到了一無所有的起點。

如何再出發？

在同行紛紛跳離開互聯網行業的時候，孫正義的選擇是繼續待在「坑裡」。

峰迴路轉。伴隨互聯網行業再度起飛，經過多年蟄伏的孫正義終於在2014年9月19日（阿里巴巴在美國紐約正式IPO掛牌上市）登頂日本，實現了兒時「成為全日本第一的企業家」的夢想。

半生浮沉，孫正義在創業的道路上跌倒了無數次，連他自己都說：「我所做的事情絕大部分都失敗了，包括投資的公司。」他就像一本「犯錯給你看」的活教材，用他遭遇的各種困難向後來者講述創業路上的「暗箭明槍」。所以，本書不是英雄的讚歌。

孫正義是個樂於幫助年輕創業者的人，不管是在推特（Twitter）上還是軟銀學院的公開直播會上，孫正義從不會私藏自己的「創業秘笈」。在面對中國創業者時，他說：「中國給我提供了最多的機遇，我希望能夠幫助那些小的、年輕的公司，只要你們有熱情、有激情、有夢想，我願意支持你們。」

2010年，東京汐留軟銀大廈的25樓，「軟銀新30年願景發佈會」在長達2小時40分鐘的公開演講中，孫正義首次回顧了過去30年，展望了未來300年，將自己30餘年的經營哲學分享出來。

四個感悟

孫正義向聽者講述了4個感悟：

1. 窮人家的孩子未來也不一定打敗仗

出身不好，雖然會「輸在起跑線」上，但是也能鍛造一個人的抗壓能力。在逆境中長大的孩子往往會變成適應性強、堅持不懈且無所畏懼的人。

講到與奶奶的事的時候，孫正義說：「是奶奶一手把我養大的。奶奶教會了我做事不為名與利，做人常懷感恩之心。」

2. 剛開始時誰都沒有方向

「我在離家很近的福岡縣大野城市創立了軟銀公司，當時公司位於一個連空調都沒有的陳舊建築的二樓。」孫正義表示，儘管自己在入行前進行了大量的調查，但其實剛開始時依然很迷茫。沒有方向不要緊，關鍵是不能停下來。

3. 最重要的25字經營精髓

孫正義表示他的投資管理真經來自中國的《孫子兵法》。「我在病榻上養病的時候看了《孫子兵法》，並將它運用到軟銀的事務中。」

道天地將法　理念
頂情略七鬥　願景
一流攻守群　戰略
智信仁勇嚴　品德
風林火山海　戰術

這就是軟銀人人熟知的「孫子兵法」。

孫正義從《孫子兵法》中得到了經商智慧，並提煉出來，形成了自己獨特的經商方法。除了最後的「海」戰術，其餘都是來自《孫子兵法》。按照重要程度，孫正義將這25個字排成了方陣，並在每一排後面加以簡略說明。

4. 軟銀新30年願景

軟銀將透過資訊革命，致力於全人類的幸福；

力爭成為全球前十的企業；

軟銀集團旗下資產超過200兆日圓等。

孫正義認為如今的他已經不再被金錢、名利等外物羈絆，只想為大多數人做一些事情。

「像奶奶一樣，為了他人的幸福而做事。」

兩個多小時的演講，在不知不覺中結束。孫正義像個佈道者，傳輸了自己的價值觀和對未來的思考。

四種思維

如果說稻盛和夫是哲學式經營，孫正義更側重新思維經營，在多年的觀察研究後，我將這些概括成4種思維。

1. 爆炸性思維

孫正義認為，以往的工業文明，在整合產品加工鏈的時候，也在一定程度上影響了人的思維模式。「原材料↓粗加工↓半成品↓深加工↓成品」這樣的鏈式生產線，導致人們在思考問題時也會採用同樣的方式。為了達到一定的目標，人們會選擇「因為↓所以」的單向思考模式。

但是在資訊爆炸的當下，這種思維模式明顯失去了優勢。因為資訊太過豐富，實施過程中遇到的能夠影響結果的變數太多。繼續做「單細胞生物」的下場就是連自己為什麼會失敗都搞不清楚。

轉換思維模式是跟上時代變化的必然選擇。所謂爆炸性思維，就是以自我大腦為中心，向外輻射連結各個資訊點。不論是在起步階段還是在實施階段，都能做到對外界萬事萬物了然於胸。最後的選擇自然是綜合各種變數後的「最優解」。

2. 銀河系思維

近幾年來，軟銀不再局限於互聯網行業，投資地域也不再局限於美國、日本、中國等國家。業務範疇開始拓展至新能源、影視、智慧型機器人等行業，觸角伸向印度、東南亞、歐洲等地域。一個企業全面鋪展開，要嘛是盲目自信，要嘛是有深厚的積澱。

在互聯網行業深耕細作了30多年，孫正義從漫天繁星中得到啟示：不能只有一顆恆星，而是要組成銀河系。在軟銀的銀河系中，軟銀、雅虎、阿里巴巴等大企業就是最亮的幾顆恆星，其他企業則環繞著它們。既然要組建銀河系，就必須處理好每顆星之間「離心力」「吸引力」的問題。離得太遠，失去了互補優勢；離得太近，又會產生排斥。這其中的「度」要拿捏到位。

3. 外流河思維

所謂「外流河思維」，就是要做連通大海的水系，不要做堰塞湖；要做匯集涓流的大河，不要做沒有源頭的死水。

談企業開放是當下的熱點。孫正義理解的開放不單單意味著對外開放，企業更要有「內聚」的特質。不管是客戶、資源、同行還是技術、資本、人才，軟銀要做的永遠都是把最好的精華吸引到身邊。

4.品種進化思維

不斷反覆運算進化，才能找到最優秀的種子。一家想要存活300年的「老店」，不僅需要度過眼下的困境，還需要面對未來各種各樣的挑戰，而很多未來的挑戰是無法預料的，唯一的辦法就是留下「學習」「進化」的ＤＮＡ。

就像達爾文的進化論一樣，一個成功的企業也要有隨著時代變革，改變自身的能力與勇氣。一個世代的改變叫作學習，譬如孫正義領導軟銀期間做出的各種轉變，而跨世代之間的變化叫作進化，譬如下一屆領導者改變曾經的某些政策。只有保持不斷進化的基因，才能不被歷史所拘束，根據時代做出最正確的決策。

回首這些年來對孫正義的關注，我從他的身上學到了不少創業精髓。如今，孫正義也因為馬雲的關係，逐漸走入國人視野。對所有正在創業、即將創業的人，他可能是學習的對象、未來的對手、合作的夥伴，但一切還需從研究他開始。

目 contents 錄

目 contents 錄

目 contents 錄

第一章　人因為夢想而變得偉大

雖然這並不是百分百都能夠成功，但只要我有一個堅定的信念，強有力的激情，我確信我會朝著這個方向努力。這就像在奧運會上夢想拿金牌一樣，你選擇了一個能夠讓你真正興奮的東西，你選擇任何一個領域，立志在其中成為第一。

所以你只要選擇一個能夠讓你構築人生夢想的事業，也許你的成功率只有10％，但是只要你有一個能夠讓你感到興奮的夢想，你的人生就不會沒有意義。

精彩人生就是要深度嘗試

待在原地無異於等死。唯一的辦法就是不斷嘗試，即使看起來是那樣的「不可能」。

75歲的時候可以幹什麼？是在和病魔抗爭，還是覺得「人生已經沒有什麼意思」而苟延時日，得過且過？

中國「橙王」褚時健告訴我們：還可以種柳丁。曾經的菸草大王，在71歲時身陷囹圄，幾年後75歲的他毅然決然地開始了二次創業，在雲南包墾2000畝荒山，10年耕耘種出勵志褚橙，成為一代橙王。褚橙的掌門人褚時健讓這個不起眼的柳丁，成了一種文化、一種精神。元初食品的陳啟明先生這樣評價他和褚橙：「褚時健是故事，褚橙是鮮活的人生，也是一個八十高齡的老人對生命的思考，更是一個大起大落的男人奉獻給時間的產物。」而這看起來「酷炫」無比的人生，背後都是褚老敢於不斷嘗試的精神。

西班牙作家塞萬提斯筆下的唐吉訶德是一個不朽的典型人物：這個瘦削的、面帶愁容的小貴族，由於愛讀騎士文學，入了迷，竟然騎上一匹瘦弱的老馬，手拿一柄生了鏽的長矛，戴著破了洞的頭盔，要去遊俠，鋤強扶弱，打抱不平。他雇了附近的農民桑丘·潘沙做侍從，又把鄰村一個擠奶少女想像為他的女主人，為她取名杜爾西內亞。他以一個未受正式封號的騎士身分出去找尋冒險事業，沉浸在漫無邊際的幻想中，一路闖了許多禍，吃了許多虧，鬧了許多笑話。最後輾轉回到家鄉時，他一病不起。

著名作家屠格涅夫在他的一篇論唐吉訶德與哈姆雷特的論文中說：「世界上的人只有兩種，不是唐吉訶德型的，就是哈姆雷特型，唐吉訶德型的人充滿理想主義地向前衝，而哈姆雷特型的人則老實地原地踏步、畏畏縮縮。」

很顯然，原地踏步不是孫正義的個性，否則他不可能有今天的成就。在他看來，人生就是要往前衝，勇於做各種各樣的嘗試。只有試過才知道行不行，孫正義在面對問題時，口頭禪就是：「我試試看。」

1974年2月，孫正義隻身一人前往美國加州，開啟了自己的追夢之旅，而在美國的4年時間可以說是孫正義的「試錯時間」。身在異國他鄉的孫正義，沒有人能夠幫他，唯一走下去的辦法就是不斷嘗試。

在剛到美國的日子裡，孫正義過得並不快樂，因為他聽不懂英語，而自己的「日式英語」也同樣沒人聽得懂。不過，語言從來就不是溝通的最大障礙。面對語言不通的困境，孫正義沒有選擇尋找「組織」，認識一些在美國的日本人，而是逼迫自己入境隨俗，生活中堅決不說一句日語。

很快，孫正義甩掉了「蹩腳的英語使用者」這一標籤，能夠流利地進行英文對話、交流。直到今天，孫正義的英語口語雖然還帶著不明顯的日本口音，但在日本國內也屬於英語說得極好的那一類人。

其實孫正義之所以熱衷於嘗試，除了受到家人、老師、文學作品的影響外，生物課上的一次白鼠實驗也讓他受到極大的震撼：一定不要放棄，要勇於嘗試。

在那堂生物實驗課上，老師做了這樣一個實驗：

把一隻小白鼠放到一個裝滿水的水池中心。這個水池面積較大，但憑小白鼠的能力是可以游到岸邊的。小白鼠落水後，並沒有馬上游動，而是轉著圈子，發出「吱吱」的叫聲。小白鼠是在測定方位，牠的鼠鬚就是一個精確的方位探測器。牠的叫聲傳到水池邊沿，聲波又反射回去，被鼠鬚探測到。小白鼠藉此判定水池的大小、自己所在的位置，以及自己離水池邊沿的距離。牠尖叫著轉了幾圈以後，不慌不忙地朝選定的方向游去，很快就游到岸邊。

實驗進行到這一步，尚未結束，老師又將另一隻小白鼠放到水池中心，不同的是，這隻小白鼠的鼠鬚已經被剪掉。小白鼠同樣在水中轉著圈子，也發出「吱吱」的叫聲，不過由於作為探測器的鼠鬚不復存在，牠探測不到反射回來的聲波，無法判斷自己能否游出去，只能原地轉圈。幾分鐘後，筋疲力盡的小白鼠沉至水底，淹死了。

關於第二隻小白鼠的死亡，生物老師這樣解釋：鼠鬚被剪，小白鼠無法準確測定方位，看不到其實很近的水池邊沿，以為自己無論如何是游不出去的，因此，牠放棄了一切努力，自行結束了生命。

生物老師最後得出結論：在生命徹底無望時，動物往往強行結束自己的生命，這叫「意念自殺」。被剪掉鼠鬚的小白鼠喪生於水池，但不是被水淹死的，而是被那「無論如何是游不出去的」意念淹死的。

在之後的歲月裡，孫正義記住了這個故事。是的，待在原地無異於等死，唯一的辦法就是不斷嘗試，即使看起來是那樣的「不可能」，但是這個世界最不缺少的就是奇蹟。

不過，嘗試從來就不是淺嘗輒止。

孫正義認為，淺嘗與沒有嘗試一樣，不可能取得任何程度的突破，即使是再薄的砂紙，也需要深度嘗試才能戳破。所謂「深度嘗試」，是指每一次嘗試都要盡到自己最大的努力，不被外界因素誘惑。孫正義在加州大學柏克萊分校就讀時，曾經上過一門心理學的課程，在課堂上，孫正義學到了如何在人腦中排除雜念，強化深度嘗試意識的方法：

1準備一支羽毛球拍，注視它，集中所有的注意力在羽毛球拍上，大腦裡也只想著這個球拍。集中的時間越久越好，可以漸漸增加這樣做的訓練時間；另一種訓練方法是閉上眼睛，集中所有的注意力在腦子裡想像球拍的樣子，漸漸增加訓練時間。

2準備一個節拍器，集中所有注意力在節拍器的節奏上，讓它充滿大腦，當你的大腦走神出現別的東西時，讓它飄走，就像一朵雲彩一樣。

3把注意力集中在呼吸上。感受空氣從肺部經過的感覺，用鼻子吸氣時，想像著集中注意的力量越來越大，用嘴呼氣時，想像身體裡所有無關的念頭都跑了出去。

經過深度嘗試訓練的人，很容易在短時間內讓自己注意力集中，專注做一件事。

人生的可能性是無限的，不斷試錯，也許下一條路就是康莊大道；但是人的精力是有限的，我們在每一次嘗試的時候都要做到足夠有深度，否則既浪費了精力，又不可能取得任何實質的進展，永遠是在「調整方向中」。

順境逆境都懷一顆感恩心

我們能有今天的種種都是託人家的福，所以要有一顆感恩的心。

我能有今天，都是因為大家的饋贈，奶奶教會了我要常懷感恩的心。很多人都說軟銀是非常好的投資公司，軟銀運氣非常好，因為它對阿里巴巴、對於雅虎都做了成功的投資，的確如此，我們非常幸運，軟銀非常幸運。

若問誰是影響孫正義最大的人，其實並不是他的父母親，而是他的奶奶——李元照。原因很簡單，孫正義的父母親為了養家餬口不得不早出晚歸地工作，根本沒有時間陪在孫正義身旁，孫正義自己都說：「我完全是由奶奶一手養大的。」

因為長時間跟在奶奶身邊，孫正義和奶奶之間的感情非常深厚。奶奶也透過自己的言傳身教，在無形中給孫正義留下了抹不去的烙印，最明顯的表現就是孫正義的「要常懷感恩之心」的口頭禪。

一般的感恩都使我們的注意力集中在上天庇佑我們的好運道上。當我們身處順境的時候，我們很容易發出感恩的言辭，然而，真正的感恩並不僅僅限於在順境中擁有一顆感恩的心，而是在逆境中也同樣懂得感恩。孫正義的感恩之心就得自於小時候的「要飯」經歷。

回憶起童年歲月，孫正義覺得最快樂的事情就是跟奶奶一起出去「要飯」。每到吃完晚飯後，奶奶都會說一句「該出去了，正義」，這時孫正義會放下手中的事情，跟著奶奶出去搜集每家每戶的「殘羹冷炙」。當然了，並不是家裡人吃剩菜剩飯，而是為了給家中的家禽覓食。

出去「要飯」這件事其實並不是什麼快樂的事情，不僅要受街坊鄰居的白眼，還要忍受食物散發的餿臭的氣味。因為長年累月裝一些飯後潲水，奶奶拉的車子上沾滿了滑膩膩的油污。可年少的孫正義並不在乎這些，當他坐在車子裡，奶奶拉著他的時候，他總是很快樂。每當下坡的時候，奶奶總會說一句「正義，坐穩了」，孫正義會毫不猶豫地把臉貼著車子，緊緊地掛在拖車上。

就這樣，奶奶和裝滿潲水的拖車給孫正義留下了深刻的童年印象，「拖車上總是黏糊糊的，讓人覺得很噁心。奶奶一路上拉著潲水很辛苦，我也很辛苦。」奶奶在路上總是會不停地和孫正義聊天，說一些過去的故事，總是說現在的日子才是好日子，以前才是真的苦。其實孫正義的奶奶出生在韓國江原道的大戶人家，只是因為李元照的父親替朋友做擔保破產，李元照才被迫隻身前往日本。時至今日，孫正義一直都記得奶奶的口頭禪：「我們是託人家的福，要有一顆感恩的心。」

其實，順境中，人們要學會感恩，在逆境中更要感恩。

雪峰、岩頭、欽山三位禪師結伴而行，有一天經過一條河流，正商量到哪裡去化緣、講法，突然看到河中有一片碧綠新鮮的菜葉，緩緩從上游漂來。

三個人議論開了。

欽山：「你們看！河中有菜葉漂來，可見上游有人居住，我們向上游走，就會有人家了。」

岩頭：「這麼好的一片菜葉，竟讓它漂走，實在可惜！」

雪峰：「如此不惜福的村民，不值得教化，我們還是到別的村莊去吧！」

三人談得正熱鬧，一個人匆匆地從上游那邊跑來，問：「師父！你們看到水中的一片菜葉了嗎？我剛剛洗菜時，不小心把它洗掉了，我一定要找到它，不然實在太可惜了。」

雪峰等三人聽後，哈哈大笑，不約而同地說：「我們就到他家去講法吧！」

擁有感恩之心的人，即使仰望夜空，也會有一種感動。正如康德所說：「在晴朗之夜，仰望天空，就會獲得一種快樂，這種快樂只有高尚的心靈才能體會出來。」

感恩是一種認同，是對世間萬物，一花一草的深切認同，更是一種回報。人是需要懂得「知恩圖報」的，感恩的第一步便是知恩，而知恩就要圖報。

直到今天，孫正義依然不忘感恩自己的小學老師、中學老師，即使成為億萬富翁，也沒有一絲跋扈之情。「阿部逸郎久老師，好久沒來看您，這是給您帶的禮物。」阿部逸郎久就是孫正義在久留米大學附屬高中時的老師。每每提到曾經的學生，阿部老師還是笑得合不攏嘴，因為他沒有想到這位大名鼎鼎的學生還時時記掛著自己。

2010年6月25日，軟銀在東京千代田區舉行「新30年願景發佈會」。孫正義將奶奶請到了現場，現場感謝奶奶多年來的照顧與陪伴。在長達兩個多小時的演講中，孫正義回顧了自己童年時和奶奶的點點滴滴，說起奶奶和他一起回韓國大邱故鄉的經歷。最後，孫正義眼含熱淚，感謝奶奶的愛，感謝一路陪伴他的人。

黃金人生不容許太多的等待

我的一生中能稱得上轉捩點的寥寥無幾，退學前往美國無疑是第一個人生轉捩點。

我在高一暑假的時候參加了學校的夏令營活動。在加利福尼亞待了一個月後，我決定回去一定要退學去美國。因為美國對於當時的我是那樣富有衝擊力，寬闊的高速公路、密密麻麻的汽車……而我的人生理想就是要做一番大事業，這是我在很小的時候就立下的志向。為了確定未來到底該做些什麼，該怎樣度過，我必須要去美國，因為美國是這個星球上最發達的國家，那裡有最先進的科技、思想。但是人生是如此的短暫，我根本沒有時間花費在學習數學、物理、化學這些科目上，我要趕緊走出去看一看，然後開始我的人生征程。

「人的一生該怎樣度過」，這是一個古老而又常新的話題。

你可以選擇平平淡淡過一生，也可以選擇策馬奔騰走天涯。孫正義小時候也曾有過「小」夢想，譬如做個小學老師，但是隨著年紀漸長，他還是覺得「人生不應該滿足於低目標」，「成為全日本第一的企業家」這一夢想應運而生。既然一無所有，為什麼不拚盡全力呢，哪怕最終只擁有一剎那的芳華。

在荒涼的戈壁灘上，有一種小花，花呈四瓣，每瓣自成一色：紅、白、黃、藍。通常，它要花費5年的時間來完成根莖的穿插工作，然後，一點點地積蓄養分，在第六年春，才在地面吐綠綻翠，開出一朵小小的四色鮮花，尤其讓人們嘆惋的是，這種極難長成的小花，花期並不長，僅僅兩天工夫，它便隨母株一起香消玉殞。

生命無論短如小花，還是長如人類，都應當珍惜這僅有一次的生存權利。「像太陽一樣盡情燃燒自己吧，為了這一次」，孫正義說。

生命當如夏花。空想不做，不是孫正義的風格，十幾歲的時候他就迫不及待地開始了人生征程。

與一般人追逐夢想的方式不同，孫正義的決定要奇葩得多。「我想要退學，去美國！這是我在夏令營結束時就打定的主意。」面對驚愕的父母，孫正義吐出了想法。當孫正義跟父母親說起自己想法的時候，父母親都震驚了，家裡人開始詳細詢問孫正義，難道是在美國度夏令營時遇到了什麼事情？要知道，孫正義半年前費了九牛二虎之力才考進久留米大學附屬中學。

在聽到孫正義「人生短暫，要立刻追尋夢想」的解釋後，大家都把孫正義的話當成是天真少年的衝動話語。當時父親因為十二指腸破裂正在住院，家裡忙得一團糟，母親和其他家人都責怪孫正義不懂事，只知道添亂。但是病榻上的父親孫三憲採取了截然不同的做法——支持孫正義前往美國追夢。

因為孫三憲從兒子身上看到了自己的影子，自己在年輕的時候不也是這樣豪氣干雲嗎？父親不顧全家人的反對，在病床上支持兒子的決定，哪怕家中經濟已經捉襟見肘。母親不停哭泣請求孫正義不要前往美國，因為在傳統的媽媽眼中，離開日本就像背叛了自己的國家。家裡其他人也竭盡全力勸阻孫正義，有的親戚甚至譏諷他是不是成績太差，不得不選擇退學。不管怎樣，最後，父親答應他去學校辦理退學手續，唯一的要求就是「一定不能和當地女孩子結婚，結婚一定要找個東方女孩；每年儘量回家一次」。

在家中待了幾個月後，孫正義辦好了各種手續。1974年2月的福岡機場，在全家人的目送下，年僅16歲的孫正義一個人背起行囊，乘坐飛機再次前往美國。回首自己當年的瘋狂舉動，孫正義依然表示毫不後悔：「我的一生中經歷過很多事情，但是能稱得上轉捩點的寥寥無幾，退學前往美國無疑是第一個人生轉捩點。」

到了美國後，孫正義開始了爭分奪秒的學習生涯。他沒日沒夜地學習英語，「上廁所、吃飯時都拿著單字書」，在短時間內完成ELS英語學校的課程。在進入塞拉蒙提公立高中後，孫正義給自己的要求是：「堅決不能輸給二宮尊德。」二宮尊德是日本江戶後期著名的政治家，一生致力於農村實踐改革，他以珍惜時間、熱愛學習著稱，基本上每所日本小學都有一尊二宮尊德的雕塑。

在這樣的自我激勵下，孫正義無時無刻不在學習，吃飯時捧著書，洗澡時背著單字，走路時想課堂上的問題……每天孫正義的睡眠只有3個多小時，最多不會超過5個小時。最終，這種歇斯底里式的學習讓孫正義在三個星期內讀完了所有的高中課程，成為這所學校「畢業速度最快的學生」。

1977年，孫正義經轉學考試進入加州大學柏克萊分校的經濟系。進入全美最著名的大學後，孫正義並沒有停下急促的腳步，而是一如既往地瘋狂學習。「每天，我只允許自己有5分鐘的時間不用於學習」，孫正義如是說。

孫正義在上初中的時候開始思考自己的一生該如何度過，遠大的理想促使他最終養成了高效利用時間的習慣。「我不能浪費時間，生命只有一次。如果不想普普通通地過完一生，覺得自己屬於整個世界，就要做些什麼。」每當人們問起這個問題，孫正義總會用他帶有日本口音的「Life is short」作答。

善用寶貴的時間，是每個成功領袖的共同特質。美國商業菁英鮑伯・費佛在他的每個工作日裡，做的第一件事情就是將當天要做的事分成3類：

第一類是所有能夠帶來新生意、增加營業額的工作；

第二類是為了維持現有的狀況，或使現有狀態能夠繼續存在下去的一切工作；

第三類則包括所有必須去做，但對企業和利潤沒有太多價值的工作。

在沒有完成第一類工作之前，鮑伯・費佛絕不會開始第二類工作；而在沒有全部完成第二類工作之前，他絕對不會著手進行第三類工作。

「我一定要在中午之前將第一類工作全部結束」，鮑伯給自己作了規定，因為上午是他認為自己最清醒、最有建設性思考的時間。

孫正義也會給自己設立每天的工作日程。不僅如此，為了更清晰自己的理想，避免不必要的時間浪費，孫正義在19歲時為自己定下了「50年人生計畫」，依照現在的步調看，孫正義把這份計畫執行得相當出色。

20歲的時候我會向業界宣告我的存在；
30歲的時候至少要賺進1000億日圓，完成資本的原始累積；
40歲的時候為了幹成一番大事業，來一場決一勝負的死戰；
50歲的時候管理好自己的集團，管理資金要在1兆億日圓以上；
60歲時平穩地將管理權過渡給下一任領導者。

只做有溫度的生意

做生意不是向夥伴大呼小叫、發號施令，而是雙方有共同的目標，一起向前走。

孫正義的至交好友、生意夥伴——馬雲曾說：「商場如戰場，但商場不是戰場。」馬雲這句話的意思就是：商人逐利而動無可厚非，但在商場中有比金錢更值錢的東西——千金難買的情義。

「商人無祖國」「商人重利，無情無義」等負面思想曾深入人心，深受儒家漢文化影響的日本人，曾經也同樣抱有類似的偏見。孫正義與馬雲，這兩位商海中的老對手、老搭檔反過來看這個問題：朋友比錢重要得多，夥伴成功了，自己才能成功。

曾經，馬雲的阿里巴巴與楊致遠的雅虎互相支撐、互相依賴。但是在2008年，雅虎香港進軍內地廣告業，這意味著與阿里巴巴所持的雅虎中國形成對抗，馬雲心生不滿。

2009年，雅虎迎來新任CEO卡羅爾．巴茲。卡羅爾．巴茲上任後，雅虎與馬雲之間的矛盾日益加深，不久，美國雅虎毫無預警地出售了持有的1%的股權，雅虎與阿里巴巴之間的矛盾公開。

孫正義作為雅虎、阿里巴巴兩家企業的投資人、股東、獨立董事，以及馬雲和楊致遠的好友，他也左右為難，就像看著自己的兩個孩子打架一樣，看著雅虎和阿里巴巴走向紛爭。是袖手旁觀還是選邊站隊？此時孫正義的選擇至關重要，他不僅是雅虎日本的真正掌權者，而且，他在2005年時減持淘寶股份套得資金後增持阿里巴巴，他當時還是阿里巴巴的第二人股東。所以，孫正義是決定馬雲是否可以翻身的關鍵人物。

在外人眼中，孫正義最好的選擇無疑是保持中立，做個和事佬。「鬥必輸，和必贏」的生意經，孫正義自然是熟稔的。但孫正義做出了一個「意料之外，情理之中」的舉動：轉讓雅虎法國、雅虎德國、雅虎英國、雅虎韓國的股權給雅虎公司，套現減持雅虎股票，主動讓出3.5億美元的股份，支持馬雲。

2011年7月29日，阿里巴巴集團、雅虎和軟銀就支付寶股權轉讓達成協議。2012年5月21日，阿里巴巴集團將動用63億美元現金和不超過8億美元的新增阿里集團優先股，回購雅虎持有的阿里巴巴集團20％股權。在孫正義的幫助下，馬雲和他的阿里巴巴平穩度過了生涯中最大的危機，馬雲得以翻身。

「意料之外」，是因為人們想不到孫正義會選擇偏袒一方，用「左手打右手」的方式結束這場紛爭；「情理之中」是因為熟悉孫正義的人都知道他是個重情重義的人，面對好友馬雲掌權的阿里巴巴和卡羅爾．巴茨掌權的雅虎，選擇阿里巴巴是「情理之中」的決定。

事後，很多人依然表示難以明白孫正義的決定。面對他人的疑問，孫正義只是平平淡淡地說：「我只是在幫一個朋友。」

或許讀完下面這個經常在軟銀能聽到的故事，更能理解個中道理：

有一隻烏鴉很瞧不起自己的同伴，牠認為自己應該跟美麗的孔雀在一起，不應該與一群黑壓壓的同伴在一起。牠四處收集孔雀的羽毛，插在自己烏黑的身上，將自己打扮得五彩繽紛，看起來真跟孔雀一樣。牠離開烏鴉的隊伍，混進孔雀之中，結果孔雀們一眼就看出了這個新夥伴的偽裝，牠們拔去了這隻烏鴉的孔雀毛，將牠趕出了孔雀的隊伍。這隻烏鴉沒能成為孔雀，也再無法回到烏鴉的隊伍，牠成了孤零零的一個。

人也是一樣的，太過自傲，太過自私，就會失去隊友朋友，人是社會性動物，需要依靠與人的交往來達到各種目的。尤其是在商場之中，一味地孤芳自賞，自私自利，不能處理好群我關係就會造成煩惱和失敗。群我的相處之道，是商場上的人必修的一門功課。

那麼，如何才能克服自傲、自私的毛病，處理好群我關係呢？

第一，瞭解別人。對一個人瞭解越多越全面，才能看到別人更多的好，彼此的關係也才能更親近。很多商業夥伴最開始合作融洽，但時間一長，摩擦就多，甚至漸漸勢同水火，分道揚鑣。

第二，寬容別人。在生意場上的人，無論是為自己還是為別人工作，難免會出現一些疏忽和錯誤，在這種時候，寬容心是不可少的。人難免有智愚賢不肖，對於別人的不足、缺點，寬容乃大智慧。

第三，理解別人。西方有句諺語說「穿上別人的鞋子走走路」，意思是說，與人相處不融洽時，應該變換一下角度，站到他人的立場上體會一下對方的想法和感受。很多事情，只要經過這麼一個換位思考的過程，就不再是一件多麼麻煩棘手的事情了。在商場上，最常見的現象莫過於「三十年河東，三十年河西」，今天別人有困難，有麻煩，明天說不定這困難和麻煩就落到我們頭上了。多理解別人，其實也是在為自己留一條後路，留一條活路。

第四，關懷別人。可以從小處開始做起，哪怕平時一句簡單的問候，都是關懷的一種形式。商場是另一種形式的戰場，要在這個戰場中生存，少不了互幫互助，在別人失意、困難的時候，適時表達一句關懷的慰問、提供一個關懷的協助，可以激發人的信心、重燃希望。

生意是一時的，而朋友卻是一世的。做生意無非是為了利益，但功利之心不可太重。孫正義在課堂上告誡軟銀學院的學員：為了一點利益就拋棄情義，和往日的朋友打肉搏戰、拚刺刀，不僅是愚蠢的，而且是不會有好結果的。

孫正義要求軟銀學院的學員都要記住以下5點：

1. 一定要爭得你死我活的商戰是最愚蠢的；
2. 如果你的眼中全是敵人，那麼外面就全是敵人；
3. 競爭的時候不要帶仇恨，帶仇恨一定失敗；
4. 競爭樂趣就像下棋一樣，你輸了，我們再來過，兩個棋手不能打架；
5. 真正做企業是沒有仇人的，心中無敵，天下無敵。

生命的勢能蘊藉於「靜」之中

人們透過靜默的冥想去悟得真理，而非借助語言的表達。

美國紐約時間2014年9月19日早晨，在華爾街的紐約證券交易所內，黑壓壓的投資人擠滿了交易大廳。伴隨著8位阿里巴巴客戶的一聲敲鐘，世界上迄今最大的一次企業IPO（首次公開募股）拉開序幕。

受阿里巴巴上市的影響，孫正義一舉超越好友柳井正，以淨資產167億美元的身家，成為日本新一代首富。面對如此榮譽，孫正義當作何感想，欣喜若狂，唏噓感慨，還是淡定自如？面對眾人的讚美、崇拜、嫉妒……孫正義沒有露出絲毫張狂，而是謙虛地感謝了眾人，然後在推特上寫道：「距離我的目標還差得遠。」

孫正義究竟是怎樣一個人？能夠做到在擁有富可敵國的財富時，依然擁有一顆低調的心。而瞭解一個人最好的方法是什麼？不是他賺錢的多少，不是他工作的好壞，而是他在休閒時間的愛好。

一個人的愛好就像是一面鏡子，可以看出人的品性。就拿音樂來說，有的人喜歡輕音樂，輕輕柔柔的像一陣微風，這種人多半性子也比較平和，與人易於相處；有的人喜歡搖滾樂，聲嘶力竭地吶喊方能排解他對於現狀的不滿，這種人多半對生活有極大的追求和熱忱，龐大的精神世界和慘澹的現實衝擊著心靈；而孫正義喜歡的是古典音樂，這種人普遍比較理性，做事富有規劃性，一般也比較固執。

孫正義最大的愛好就是「坐禪悟道」。他對於中國傳統文化相當推崇，不論儒、釋、道，他都有著很深的理解。

在孫正義看來，佛家的「坐禪」、道家的「靜坐悟道」，都是在追求心靈的安靜。這一點對他來說顯得尤為重要，因為每天面對紛繁複雜的商海，做不到守心如一，必然會被外在的物欲洪流裹挾。

所謂禪道，是指「人們透過靜默的冥想悟得的真理，而非借助語言的表達」。因此冥想也是「禪」的主要方法，其旨在於瞭解萬物背後的原理，盡可能地去認知萬物存在中的絕對真理，並使自己與其完美契合。參禪悟道是孫正義在瞬息萬變的商海保持靈臺清明的重要方式。

孫正義崇尚謙遜、內斂的精神與日本佛家的內涵不謀而合，在以謙遜為美德的日本，有一個佛教故事流傳甚廣：

一個佛學造詣很深的人聽說某個寺廟裡有位德高望重的禪師，便前去拜訪。進門後，他對大師徒弟說話的態度十分傲慢。老禪師像招待其他人一樣十分恭敬地接待了他，並為他沏茶。在倒水時，杯子明明已經滿了，可老禪師還是不停地倒。

他不解地問：「大師，為什麼杯子已經滿了，還要往裡倒呢？」

大師自語：「是啊，既然已滿了，我幹嘛還倒呢？」

禪師的本意是，此人既然自認已經很有學問，為何還要到他這裡來求教呢？妄自尊大者對自我失去了客觀評價，認為在這個世界上自己已經足夠博學，殊不知，這恰恰阻礙了自己獲得更大的智慧。有智慧的聖人則恰恰相反，孔子說：「聰明有智慧的，就以愚拙的樣子來保持；功蓋天下的，就用謙讓的態度來保持；勇力蓋世的，就用怯懦的樣子來保持；天下最富有的，就用謙遜的態度來保持，這就是謙讓再謙讓的方法。」簡言之，就是真正有智慧的人往往是謙遜和虛懷若谷的人。

除了佛教「坐禪」，中國道家文化同樣追求「心靜」，「齋心養靜，心靜則身輕」的道家精神與孫正義推崇的修心養性法則實為一體。

心齋，是道家莊子提出的一個很重要的概念。所謂的「心齋」，其實就是在靜靜的體悟中折射出智慧的靈感，是一種原初靜美的境界。

那麼怎樣才能達到心齋的境界呢？《莊子.人間世》中還有一段話：「入則鳴，不入則止。」「入則鳴」，外境界一進來，心就會引起共鳴，就好像是「風吹識浪」，即外境界的風一來，人的心波就動搖，心中的清靜境界也隨之消失。

「聽止於耳」，聽覺停止，和外界脫離了關係，所以叫他也聽不見，入定去了；「心止於符」，心裡面什麼念頭也不動，自然和「道」符合；「氣也者，虛而待物者也。」這個時候，呼吸之氣是空靈的；「待物者」即所謂跟外面物理世界還是相對有待的。雖然身心內外一片虛靈，還是跟外面物理世界相待的，內心空靈是第一步的修養。

「齋心」，也就是讓心靈靜下來的方法很多，打太極、冥想或者瑜伽都是有效的途徑，但都有些麻煩。其實有一種更加簡便易行，但十分行之有效的方法：靜坐。

《禮記》中所說的「散齋」「致齋」，就是一種靜養、調心的過程。到了唐宋時期，中國的學者改造了佛教中的「打坐」，結合傳統心靈修養的觀念，形成了一個日趨成熟的靜坐傳統。不僅僅是中國人，一向受中國文化影響頗深的日本人也很早就有靜坐冥想的傳統。

清華大學方朝暉教授認為，靜坐不是呆坐，而是要對自身進行思考、剖析。靜坐的時候，要強迫自己靜下心去正視一些平時被擱置、以種種理由不去想或者佯裝不在乎而迴避的問題。因為與其一再迴避求得暫時安穩，不如主動去接觸它、解決它。

其實，不管是「坐禪」還是「靜坐悟道」，深究孫正義的個性，這一切是因為他屬於沉靜型領導。

哈佛商學院巴達拉克教授在他的著作《沉靜領導》中說，大多數卓越的領導者並非公眾英雄，他們不是抱持高姿態、為理想而戰的鬥士，也並不願意成為那樣的人；他們也不會允任什麼道德討伐運動的急先鋒；他們的一舉一動都很有耐心，非常謹慎，做事循序漸進；他們做正確的事情——為了他們的組織，為了他們周圍的人，也為了他們自己——不動聲色，毫髮無傷。

沉靜型領導者的超凡成就在很大程度上歸功於他們的謙遜與克制。事實上，由於很多困難的問題只能透過一系列長期的細微努力才能解決，所以，沉靜領導之道，儘管乍看起來顯得步調緩慢，但經常會被實踐證明是使一個組織，乃至這個世界，得以改善的較快途徑。

沉靜的領導也往往意味著他們總是以謙卑的姿態示人。這種謙卑並不代表「缺乏自尊」，相反，他們既能肯定自己的重要性，也能肯定其他人的重要性，所以他會尊重自己，尊重他人。謙卑使領導者能夠理解一個淺顯的真理：誰都不是全知的，也沒有人完全無知。

企業領導者時刻保持著謙卑的心態，他的下屬便願意和他交流自己的想法，願意向他提建議或是新的方案實行中他們認為可能出現的錯誤，及時補救或是改正，使得企業的損失降到最低。這樣企業的效率也就會提高，企業利潤也會隨之提高。謙卑的領導者能做到虛心聽取企業各部門每一個員工的意見。

如今，每個在軟銀學院希望自己未來能夠接班孫正義的學員，都必須明白一個道理：企業領導者具備謙卑的心，不會驕傲自大，不會欺詐，也不會輕視員工。如此一來，員工就會有感恩的心，也就不會斤斤計較個人得失，這樣企業就能形成一種和諧的企業文化，就有利於企業的發展。

堅守遠比變通重要

真正的強者，不會畏懼外在的壓力，而能夠堅持自己心中的信念。

2011年11月，在日本東京霞關總務省的辦公大樓內，上演了一場「汽油燒身自焚」的戲碼，孫正義是主角。孫正義之所以做出如此強硬的動作，為的就是讓總務省修改已有的電信寬頻法規，允許軟銀進入這一早被NTT和KDDI壟斷的行業。

總務大臣麻生太郎看著眼前的孫正義，在無奈之餘也不得不欽佩他的剛烈。

事情還得從雅虎寬頻業務說起。

2001年，孫正義劍指寬頻業務，因為這是進軍互聯網的必爭之地，另外也是由於2001年互聯網泡沫讓孫正義損失了幾乎全部的身家，軟銀市值跌至谷底。他需要一次全面的勝利來挽回敗局，重整旗鼓。

於是2001年6月20日，孫正義在雅虎日本網站上向用戶開放了寬頻安裝預約申請，東京的用戶可以在6月就享受到試用服務，面向日本全國的服務將從8月開始。這項服務被命名為「雅虎日本Broad Band」，簡稱雅虎BB。看似困難但是向前推進著，雅虎BB業務指日可待。就在這時，這項業務被日本電報電話公司NTT卡住了。

NTT是日本最大電信服務提供者，想要在日本開設寬頻業務，需要向NTT租借各個區域中心機房裡的設備，以及他們的光纖。軟銀的網路就是這些由光纖連接起來的機房組成的。這個工程真是太不容易了——某幾個區域的中心機房之間很有可能並沒有鋪設光纖，已經用光纖連接的機房可能沒有閒置的光纖可供出租。雅虎BB的工作人員不得不先確認他們所需要的機房之間是否存在光纖，如果遇到「此路不通」的情況，他們就需要修改此前的網線鋪設線路。讓人更加煩躁的是，機房沒有空閒的光纖可租借。

形勢越來越嚴峻。

已經有十多萬人遞交了申請書，照眼前的工程進展，沒有辦法按時為這些客戶提供服務，孫正義不得已將正式服務的時間延遲到9月1日。到了9月3日，雅虎BB收到了100多萬人次的寬頻申請，但是公司目前租借到的光纖設備僅夠為4萬使用者開通服務。

無數的電話打到軟銀，接都接不完，後來負責軟體業務的部門也不得不被安排接使用者投訴電話，這些人根本對寬頻業務毫無概念，除了道歉也無計可施，這更增加了用戶的不滿。再拖下去是不可能了。

但是如果透過正常管道申請光纖，只會讓工程變得遙遙無期，最後孫正義直接到總務省跟官員談判。說是談判，倒不如說是「要脅」，據說當時孫正義拍著官員的桌子大聲說：「把打火機給我，沒有光纖的話我還不如直接在這裡澆汽油自焚！」

面對如此緊急的情況，總務省的官員一面讓孫正義不要激動，一面趕緊讓當時擔任總務大臣的麻生太郎趕來談判。

麻生太郎可是日本政界出名的強硬派，可是當他面對「尋死覓活」的孫正義，也只能攤手。「給我接通NTT社長辦公室」，麻生太郎當場這麼說。很快，電話的那頭給出了「願意讓步」的答覆。當聽到這個答覆的時候，孫正義拿著汽油的手漸漸垂了下來。

站在一般人的角度，孫正義這樣把自己逼上絕路、開罪總務省是非常「愚拙」的行為。「和氣生財」是每個人都熟諳的道理，直接強逼總務省當場答應「租借光纖」，這樣的行為在日本商界可是聞所未聞。當時很多人都說孫正義太猛、太蠢，用這種不轉彎的方式堅持自己的主張，聰明人應該學會變通，從側面解決問題。但對他來說，堅守遠比變通重要。

萬通集團董事長馮侖曾寫過一篇《義利相和，守正出奇》的文章。在這篇文章裡他說：「做生意要守正才能出奇，要有非常良好的價值觀，有一個正確的目標和很好的責任感，這樣企業才能做好。很多情況下他們善於變通。但我的經驗是凡是變通多的地方，一定活不下來；沒變通的，現在也沒什麼問題。所以守正才能出奇，奇多就邪了。」

「守正出奇」這個詞源自《孫子兵法》「以正合，以奇勝」。「正」是指正路、正道，「奇」是指出人意料，「守正出奇」則是說在正道而行、守法經營的基礎上突破思維、出奇制勝，也就是用70％的時間去想「正」的事情，而用30％的時間來研究變通。這是一種穩健中求創新、以創新促進成長的發展戰略。

馮侖說「守正才能出奇，奇多就邪了」。「守正」很多時候會顯得笨拙，看似很慢，但實際上很紮實，因為堅持了原則，減少了失誤，成功率自然也就會提高，而且還能減去不少麻煩，以穩健取勝。

真正的強者，不會畏懼外在的壓力，而能夠堅持自己心中的信念。俄國大文豪高爾基曾說過，走正直誠實的生活道路，必定會有一個問心無愧的歸宿。對孫正義來說，不管面對的是誰，只要錯了就是錯了，哪怕是總務省和通信巨頭NTT。透過這次「自焚事件」，雅虎BB業務打開了局面，孫正義成了民眾心中的正直人士。

Soft Bank

第二章 堅決執行一場50年的人生規劃

我要創造亞洲的成功，要和你們一起創造亞洲的成功。和你們在一起，我們將會凝聚亞洲的力量，然後去創造全球的成功。軟銀的願景就是在亞洲發展行動網路，希望我們能夠把這一件工作一道做成，我希望能夠幫助年輕的中國網路企業家。我希望你們有非常美好的夢想，今後50年的夢想。如果你們想取得成功，我打心底裡願意幫助你們，因為我渴求成功，讓我們一起成功。

挫折只是一種人生試煉

在障礙、挫折前，思維必須更快速且反覆運算。

我出生在一個不那麼富裕的韓裔家庭。因為我的「泡菜」血統，小時候我受盡了歧視和白眼。我在幼稚園時，被人家罵「滾回韓國去」，後來還被人用磚頭砸傷了腦袋。

我們軟銀當初大多數收入都是電腦軟體分銷，還有雜誌的出版等。所以你可以看一下我們收入的版圖。今天的業務在以前佔收入的1％，過了10年，我們已經完全脫胎換骨了。10年以前我們互聯網業務只佔到了1％，但是現在已經佔到99％了。這需要我們不斷地求變，不斷改變自己，要創新，要挑戰自己。這種挑戰真的是給我們帶來了豐富的碩果。

孫正義現在是日本首富，渾身閃耀著智慧的光環。其實，很多人並沒有看到他如何從一個窮酸小子，一步步跌跌撞撞走到今天，兩隻眼睛只盯著光環加身的孫正義，而對他的「不光彩」的一面選擇性失憶。

「投資之神」「孫大聖」「從未來坐著時光機回到現在的人」，諸如這樣的描述被貼在了孫正義的身上。而孫正義自己說：「我做的事情絕大多數都失敗了，包括投資的公司。」

孫正義和軟銀的34年，失敗的事情確實不少：

1957年孫正義出生在一個韓裔家庭，從小受盡了當地人的排擠。

「1981年9月，我在離家很近的福岡縣大野城市創立了軟銀公司。當時公司位於一個連空調都沒有的陳舊建築的二樓。」孫正義回憶說。在蒼蠅滿天飛的環境下，他開始了軟銀帝國的征途。

1983年春天，孫正義在公司員工的例行體檢中，查出自己患有嚴重的慢性肝炎。不僅身體面臨著重大的危機，軟銀同樣瀰漫著慘澹的氣氛，「經營不善」「持續虧本」等字眼不停地傳到躺在病榻上的孫正義耳中。

軟銀剛成立的半年內，就與日本42家專賣店和94家的軟體業者交易來往，並說服東芝和富士通投資，擴大規模。但是好景不長，由於經營不善等原因，軟銀面臨著倒閉的危險，孫正義本人也背負著巨額債務。

1982年，為了扭轉軟銀的形勢，孫正義想在日本很受歡迎的3家電腦雜誌上做廣告，卻遭到拒絕。他很憤怒，決定自己創辦雜誌，但當時，他的公司無論在經驗還是人才上都非常匱乏，創刊發行量為5萬冊的雜誌，退貨率達到85%。

孫正義在全球投資了超過800家互聯網公司，除阿里巴巴外，還包括E*Trade、雅虎、InsWeb、BUY.com等。不過除了這些已經成功的鳳毛麟角般的公司以外，孫正義投資的公司大多數都在很短時間內破產。尤其是在1999年互聯網金融泡沫破滅的時候，軟銀股價一度下跌到只有原來的

1%，孫正義也是一身負債累累。

換作一般人，可能中途早已放棄了創業，但是孫正義的人生抉擇更傾向於迎難而上，這也是事實。

春秋戰國時期的哲學家莊子在《莊子．人間世》中，講述了關於支離疏的故事。

有個名叫支離疏的人，下巴隱藏在肚臍下，雙肩高於頭頂，後腦下的髮髻指向天空，五官的出口也都向上，兩條大腿和兩邊的胸肋並生在一起。他給人縫衣漿洗，足夠度日；又替人篩糠簸米，足可養活十口人。國君徵兵時，支離疏捋袖揚臂在徵兵人面前走來走去；國君有繁重的差役，支離疏因身有殘疾而免除勞役；國君向殘疾人賑濟米粟，支離疏還領得三鍾糧食、十捆柴草。

最後莊子得出結論說，像支離疏那樣形體殘缺不全的人，還足以養活自己，終享天年，更何況我們這些形體完整的人呢！

面對挫折，人們最容易出現的問題就是抱怨和哀嘆。

2010年11月17日，休士頓火箭隊主場92：95不敵芝加哥公牛隊，本場比賽火箭隊大前鋒路易士．斯柯拉得到全隊最高的27分，但是仍然難阻火箭一敗。賽後，斯柯拉接受了記者們的採訪，表示輸球不因裁判，而是火箭隊自己葬送了勝利。對此，斯柯拉說：「我們不能一直找藉口，防守，傷病……如果你整天都在尋找藉口，你也許能找到，但是我們需要贏球，每個人在完美的狀態下都能贏球。我們需要成為一支好的球隊，我們也想要成為好的球隊，而不是去尋找藉口。我們只是需要去贏得一些比賽。」

英吉利海峽隧道於1994年通車後，歐洲首航國際列車歐洲之星高速列車也隨之通行。有了它，英國人可以方便地通行歐洲大陸，這也是歐洲人第一次可以不用坐飛機就方便地抵達英倫三島。在歐洲之星開通後，人們樂觀地預測這條線路上的客流量將達到每年1500萬人次，但事實上，第一年歐洲之星只搭載了300萬人次。

顯然，公司一開始對旅客的預期出了問題，迷失在了「平均化」之中。因此，公司開始採用另一套客戶資料分析，將旅客分成了幾種不同的類型。公司發現，有一類旅客是歐洲之星利潤提升的關鍵。這類旅客有如下共同點：

第一，旅遊、出行對於他們來說是生活常態；

第二，他們十分慷慨，出手大方；

第三，每次出行他們都非常重視時間成本；

第四，他們需要相對安靜的空間書寫文稿或者閱讀報告，不想被打擾。

也就是說，這一類人就是經常出差的商務人士。

於是，歐洲之星開始研究如何將這些客戶留在方便快捷的歐洲之星上，而不讓他們轉向低成本航空公司。2002年9月，歐洲之星耗費3500萬英鎊推出了「商務歐洲之星」服務，為商務人士提供單獨的車廂。不僅如此，公司還特別針對這類旅客開設了15分鐘快速檢票機制，直接解決了他們的麻煩。歐洲之星甚至特地為商旅客戶們將座椅改造成了旋轉座椅，每個座椅下面還配備插座供手提電腦使用。

經常乘坐歐洲之星的還有另一類客戶，他們出行的目的主要是拜訪親友。他們的穩定搭乘將是歐洲之星長期利潤的來源。於是，歐洲之星開始針對他們進行差異化服務。比如工作日的優惠車票，常客獎勵項目，在車票上附加一些提供針對家庭的折扣門票，如遊樂園門票等。

當然，歐洲之星劃分的旅客類型有很多，他們也在不斷地發現新的旅客群體。這些旅客群體有一些是像商務乘客或探親乘客這樣有利於業績增長的關鍵點，一旦發現他們，公司就會不遺餘力地為他們提供差異化服務。

2015年，歐洲之星營運的關鍵目標將是中國富豪旅客。歐洲的中國遊客數量正在穩步上升，其中的富豪都將乘坐歐洲之星視為歐洲之旅的必要項目，而且他們也非常熱衷乘坐歐洲之星前往巴黎等時尚之都購買頂級時尚品牌。歐洲之星針對這類顧客的目標非常明確：提供舒適安全的服務保障，讓這類旅客成為歐洲之星的另一利潤增長點。

孫正義說：「人生不公平的事情有很多，挫折也是常有的，但是我們不能一直唉聲嘆氣，跨越逆境才是正確的做法。」

把事業當成最好的信仰

你還在煩惱嗎?起身投入到工作中去,工作會消除你所有的困擾。

對於其他人來說,創業投資互聯網可能是賭博;可是對我來說,並不是賭博,它是一種信仰:我不光把一條腿站進去了,而是把兩條腿都站進去了。未來雖有挑戰,但定能打開未來之門。沒有任何挑戰就能面對未來的情況,要嘛是前人栽樹後人乘涼,要嘛純屬運氣,恐怕也不能長久。但是主動持續挑戰著的各位,是自己開拓自己的未來的,我認為一定能取得好的結果。

古希臘哲學家蘇格拉底說過:「不懂得事業意義的人常視事業為不停地工作勞役,則其心身亦必多苦痛。」你把事業當作什麼,它就會回報你什麼。

大多數人都會認為,所謂「事業」的目的不過是為了獲得生活的食糧。他們覺得,勞動的價值是為了吃飯而獲取報酬,而不是為了「虛」的事業。當然,獲得維持生活的口糧是工作的重要理由之一,然而,拚命努力工作,難道說僅僅是為了吃飯這一個目的嗎?

應該說,人工作的目的不僅是為了餬口,更是為了提升自己的心志。事業應該是我們的信仰,而不是謀生的工具。工作的意義,正在於此。日復一日勤奮地勞作,是所謂「精進」,可以達到鍛鍊我們的心志、提升人格的作用。

1981年，為了調查市場前景，孫正義成立了軟銀，並且聘了兩位助手。在低矮的房間裡，孫正義站在破舊的箱子上，對著員工宣講自己的事業夢想：「5年後我們的營業額要達到100億日圓，10年後達到500億日圓。相信我們有朝一日營業額一定會以兆為單位。」孫正義的熱血感染了自己，嚇跑了別人，僅有的兩名員工辭職了。不僅是那如今早已沒有蹤影的員工，當時孫正義的親朋好友都覺得孫正義的想法太過異想天開。有的人會好言相勸，有的人在背地裡譏笑，而孫正義卻說：「這是我的信仰，不要對我的信仰說三道四。」

2002年，軟銀首次推出寬頻業務。當時孫正義進退維谷，軟銀的年度赤字高達數百億日圓。為了找到新的經濟增長點，孫正義決定推出寬頻業務。但是因為技術、人才、設備等資源在短時間內跟不上，軟銀遇到了極大的挑戰。

那段時間，軟銀總部大樓經常是徹夜燈火輝煌，通宵奮戰的員工比比皆是。孫正義也不例外，經常在自己的辦公室裡幹得昏天黑地。後來，為了節省時間，他甚至連自己的辦公室都不去了，直接在軟銀對面的辦公大樓會議室裡工作。那段時間，孫正義和每個軟銀員工都面臨著高強度的工作，每天只有快要瀕臨極限的時候才去休息。

雖然整個寬頻業務推廣過程進行得很痛苦，每天都有大量問題冒出來，但是在所有人的衝刺下，軟銀開闢了自己新的事業領域，度過了經濟上的難關。為什麼孫正義和軟銀員工要這樣拚命，為什麼軟銀的員工願意跟著孫正義拚命，答案都是「把事業當信仰，你在為自己工作」。

一位木匠師傅曾說：樹木裡居住著生命。工作時必須傾聽這樹木中生命發出的呼聲。在使用千年樹齡的木材時，我們需以精湛的工作態度來對待，因為我們的技藝必須像有著千年樹齡的樹木一樣，要經得起千年歲月的考驗。

這位木匠師傅已逾古稀，職業生涯一直就是修建神社。只有小學畢業的他幾十年間從事著木匠這項工作，辛苦勞累。其間他也不勝厭煩，甚至有時也想辭職不幹，但還是堅持了下來，幾十年如一日地承受和克服了種種勞苦，勤奮工作，潛心鑽研。他在經歷一生的勞苦和磨難後，才用自己的體會說出如此語重心長、警醒世人的人生智慧。

這種動人心魄的話出自一位平凡木匠之口，非親身體悟無法說出。木匠工作的意義是什麼？它的意義不在於使用工具去建造美輪美奐的房屋，不在於不斷提高木工技術和工藝，而更在於磨練人的心志，鑄造人的靈魂。

每個人都覺得自己的工作是世界上最慘、最累的工作，「做個明星多好，模特兒也不錯」，但是又有誰知道光環背後的心酸。

1銷售部門：產品滯銷，8點上班一來就站在店裡，一個人坐到晚上6點，今天顧客寥寥無幾，和昨天一樣。

2作家：交稿期要到了，還沒有靈感，兩個星期沒吃早餐了。

3公司職員：晚上加班到半夜裡兩點，第二天還要9點準時去上班。而且路上乘車還需要一小時，這樣已經兩個月了。

4外科醫生：剛剛睡著，立刻被叫醒去做一個5小時的大手術，這樣至少一週一次。

事業不是玩樂，工作各有各的辛苦。所以，停止抱怨，否則機會就在唉聲嘆氣中從身旁溜走。

像這位可敬的木匠師傅一樣，將自己的一生奉獻給一項職業，埋頭苦幹，這樣的人最有動人心弦的魅力，也最能打動人。將精力傾注於事業是對萬病都有療效的靈丹妙藥，難怪孫正義說「事業讓我活得有真實感」。

信仰事業，全心全意工作能夠強大一個人的內心，幫助人克服人生的種種磨難，讓命運獲得轉機。把事業當作信仰，你就會帶著激情和愛做自己的工作，而不僅僅是沒有感情的「流水線機器工」。

紀伯倫有一首詩是這樣寫的：

生活的確是黑暗的，除非有了渴望；

所有渴望都是盲目的，除非有了知識；

一切知識都是徒然的，除非有了事業；

所有事業都是空虛的，除非有了愛；

當你們帶著愛工作時，你們就與自己、與他人、與上帝合為一體。

帶著愛去工作，就是將你的靈魂氣息注入你的作品。對事業的愛情，能避免人生的無知和盲目，勞動就是把愛顯影，使之有形可見。

哪怕下一刻是死亡，也不停下腳步

多活多長時間並不重要，重要的是自己有多少熱情。

死亡，幾乎每個人都會本能地感到恐懼。當你僅有26歲時，被告知生命只剩下短短5年時間，相信絕大多數人的神經都受不了這個噩耗的摧殘。

「1983年春天，在公司健康檢查中，我被診斷為慢性肝炎，情況很嚴重。醫療人員說我最多只能活5年，之後很難保證能否生存下去。我感覺天一下子就塌下來了。」

當時，軟銀才剛剛創立兩年，孫正義正滿心激昂地向前進，「重度慢性肝炎」在宣判他生命即將走到盡頭的同時，也無情地結束了他的事業。被確診第二天，孫正義住進了醫院。躺在病榻上，孫正義一個人想到了剛剛起步的軟銀，想到了尚在襁褓中的女兒，還有父母、妻子、朋友……堅強的孫正義罕見地哭了出來。

「我真的很想活下去。只要能和家人一起，只要能稍微多點時間看著我的女兒……」面對死神的「邀請」，孫正義在經歷短暫的精神崩潰後，逐漸恢復往日的堅強，而新生的女兒無疑給了初為人父的他莫大的力量。

為了不讓家人擔心，為了不讓投資人、客戶擔心，孫正義決心向所有人隱瞞真相。那時候，他忍辱負重，一邊在醫院積極配合治療，一邊透過傳真機遠端遙控軟銀的事務，同時還要分心照顧家人。

儘管是善意的謊言，孫正義還是遭到了周圍人的非議。同事和投資人開始抱怨，他們以為孫正義每天只知道躲在外面風流快活，不管軟銀的爛攤子。親人已對孫正義長期不回家心有怨言。面對這一切，孫正義無言以對，能做的就是沉默。

因為在醫院的時間太過難挨，孫正義透過大量看書讓自己沒有時間難過。「每當感覺自己深陷泥潭的時候，我都會打開書。這樣下來，我讀的書共有4000多本。這樣獲得了足夠我受益一生的知識。」透過讀書，孫正義逐漸開朗起來，並且能夠勇敢面對當時的困境。其中最重要的一本書當屬司馬遼太郎寫的《龍馬行［竜馬がゆく］》，這本書的主角是孫正義年少時的偶像——坂本龍馬。

熟悉日本明治維新時期歷史的人一定不會對「西鄉隆盛」這個名字陌生，他是「明治維新三傑」之一，而坂本龍馬就是西鄉隆盛的好友，曾經和他一起為日本的維新運動奔走。坂本龍馬一生為了日本的未來四處奔走，年僅33歲就不幸逝世，但是在他生命的最後5年裡，坂本龍馬做出了眾多彪炳史冊的事蹟。

孫正義在小時候就十分崇拜坂本龍馬，把他當作人生的導師，但是當他再次回首瞭解坂本龍馬的時候，孫正義感到前所未有的愧疚，因為即使坂本龍馬活得不久，但是他不顧自身的死活，只為事業而奮鬥。

在坂本龍馬的激勵下，孫正義開始正視自己的疾病，哪怕只能活5年，那又算得了什麼！生命不息，奮鬥不止。在接下來的時間裡，孫正義依然時常進出醫院，但沒有了往日的頹廢，重拾了勇敢之心。

天無絕人之路。也許是受了孫正義強烈的求生欲望感染，孫正義迎來了生命的福音。1984年，孫正義得知了一種新的療法。這就是熊田博光博士創造的「類固醇脫離療法」，簡而言之，就是一種透過把慢性肝炎轉換為急性肝炎來提高人體內部的抵抗力，以達到治療效果的休克療法。儘管當時可能還不是很成熟，但是已經沒有選擇的餘地，求生的欲望促使孫正義毫不猶豫地接受了新療法。幸運的是，治療結果是理想的。隨著病毒數值大幅降低，孫正義終於在1986年5月重歸一線。

可以說，病榻上閱讀的4000多本書陪伴著孫正義度過了生命中最難過的日子。孫正義除了在書中學習了企業的經營方法，不少書中對於生命、死亡等主題的闡述，同樣讓他逐漸從悲觀被動走向樂觀主動，直至新生。

不僅僅是孫正義，很多創業者都把事業看作自己的生命，甚至看得更重。就拿快遞行業來說，順豐的創始人王衛就曾因為保護順豐而被殺手「關照」過。當時順豐正處在發展壯大期，經營模式也是以加盟行銷為主，但是王衛覺得加盟行銷的弊端太多，譬如說各地各自為政，不成體系，或者是標準不一，難以管理，他決定將順豐各地的加盟商收為己有，變加盟為直營。

王衛首先在2002年於深圳成立了順豐的公司總部，以此為改革的開端，進而開始全面改革順豐的營運模式。王衛的改革措施遭到了大小加盟商的強烈反對。同一地區的加盟商拉幫結派反抗王衛前來「收編」。王衛依然強行推行他的改革政策，在此期間，他受到部分加盟商含有警告意味的生命安全威脅。

面對困難，王衛依然冷酷地推行著他的改革措施。王衛的強勢改革為他帶來了殺身之禍，一些加盟商為了一己私利，竟然請了黑社會追殺王衛。後來當事人王衛一字不提此事，只知道現在的王衛無論去哪，身邊總會有幾個彪形大漢保護。

在度過最艱難的一段日子後，剩下的一些觀望的加盟商也最終放棄了抵抗，順豐成為中國唯一一家完全直營化的快遞企業。雖然直營化過程中王衛遇到各種各樣的困難，甚至差點為此喪命，但完成直營化後的好處是難以估量的。

尼采認為生命本身就是價值標準。尼采的哲學觀最重要的一點是哲學的使命就是要關注人生，給生命的意義一種解釋，探討生命的意義問題。而生命的意義便在於從駱駝到獅子到嬰兒的「三變」。

尼采以駱駝、獅子和嬰兒比喻人生精神階段三境界。這是因為駱駝能吃苦負重，任勞任怨；獅子兇猛頑強，毫無懼怕；嬰兒純潔善忘，天天成長。尼采精神「三變」是指：一變為駱駝；二變為獅子；三變為嬰兒。

駱駝有「沙漠之舟」的外號，能背負重擔，忍受考驗，毅然決然地向前走。

駱駝要承受巨大的負荷，凡事聽從他人指揮，所以，駱駝必須蛻變為獅子。獅子有「森林之王」的稱號，有大無畏的精神，具有強勁的生命力與開創的勇氣。獅子的比喻，是說任何環境都無法阻礙牠的前進與發展。和駱駝相比，獅子的象徵是：你對自己說「我要如何，我要如何」！這顯然是從被動轉變為主動了。人生成敗的關鍵就是從被動到主動。駱駝若不變為獅子，則人的一生只不過是隨人俯仰。

三變為嬰兒。嬰兒代表新生命的開始，也是一切可能性的開始。

嬰兒的境界並不意味無知、幼稚，而是代表重新回歸原點，可以重新出發。這時，他能夠安於眼前處境，踏踏實實地過好每一天、每一分鐘。當一個人抵達嬰兒階段的時候，他就不會再遭遇前面所列舉的一系列問題了。

孫正義在病榻上同樣經歷了這三個過程，剛開始時孫正義顯得悲觀，充滿壓力，只知道一個人忍辱負重；後來孫正義從坂本龍馬身上汲取了正能量，變成了一頭無所畏懼的獅子；最後孫正義戰勝了病魔，挽救了軟銀，他和他的軟銀都獲得了新生。

其實，孫正義的一生都是在「駱駝」、「獅子」和「嬰兒」之間不停地變換，當他戰勝病魔獲得新生的同時，他又將面對高築的債臺，重新變成負重的「駱駝」，在還債的過程中他將再次勇敢面對，成為「森林之王」，在還清債務的時刻獲得新生。不僅是孫正義，其實每個人的一生都處在這三者的無限循環中。這聽起來好像很令人喪氣，因為永遠沒有盡頭，但是人生不就是這樣不斷超越自我的嗎？

一旦下定決心成為第一，只有不斷死磕

軟銀成為業界第一，總比在數千家蕎麥麵店中成為第一要簡單一些。

「既然對於員工有深厚的感情，對客戶有強烈的責任感，那就成為業界第一吧！」這是孫正義在軟銀學院的談話，闡明了「一定要成為第一」的軟銀文化。

孫正義小時候就樹立了「成為日本第一的企業家」的理想，軟銀成立的時候，孫正義依然不改初心，對著僅有的兩名員工發表了自己的豪言壯語。不過，孫正義可不是專注於吹牛的「口遁」一派，而是個務實的行動派。其實，孫正義小時候的生長環境就是務實、踏實的，不論是父母親為生計四處奔走的身影，還是和奶奶一起出去挨門挨戶搜集潲水，都是孫正義形成務實性格的原因。

先看看下面這個故事：

有個人經過一處建築工地，問那裡的石匠們在做什麼。三個石匠有三種不同的回答：

第一個石匠回答：「我在做養家餬口的事，混口飯吃。」

第二個石匠回答：「我在做整個國家最出色的石匠工作。」

第三個石匠回答：「我正在建造一座大教堂。」

三個石匠說出了三種不同的目標，第一個石匠認為工作的目的是為了養家餬口，他的願望只是想實現自己基本的生理需求，沒有什麼遠大的抱負；第二個石匠說出了自己的夢想是成為全國最出色的匠人，他的思維方式只考慮自己要成為什麼樣的人，很少考慮這份建築工作最後要達到的目的和要求；而第三個石匠的回答說出了創造性活動的目標真諦，他清楚地知道自己將來要實現的願景是建造一座大教堂，這就把自己的工作目標和組織的目標結合起來，從組織價值的角度看待自己的發展。這樣的員工事先就可以看到「完成時的狀態」，所以第三個石匠會更容易走向成功。

1981年秋，孫正義決心成為日本第一軟銀銷售商。那時的孫正義身無長物，軟銀也不像現在這樣能夠代表一個時代。為了走出最初的困局，孫正義決心下猛藥：集中公司所有的人力、物力、財力，在大阪電子展上為全日本一定規模的軟體服務商提供免費展位。

為了這次電子展，孫正義破釜沉舟，花費了800萬日圓包下了最大的一個展位，然後向幾十家軟銀廠商發去了展覽邀請。雖然是免費的好事，但是很多企業還是一頭霧水，因為從來沒有聽說過孫正義和軟銀，而且搞不懂為什麼要提供這樣的免費服務。

當時已經46歲的清水洋三先生是第一位答應孫正義的人，回憶起當年的場景，清水依然記憶猶新。清水接到軟銀的邀請後，曾經親自去過軟銀的辦公地點，當他看到那破破爛爛的樓房，連具電風扇都沒有的辦公室時，心裡很難對這家公司抱有信任。不過當他得知孫正義是柏克萊的高才生後，臉色稍稍好轉。孫正義也乘勢大力向清水先生講述自己的想法，說出自己對於電腦和軟體的觀點。

耐不住孫正義的懇求，清水答應了下來。殊不知，他是第一個答應孫正義的人。最後，一共有13家軟體商參加了孫正義籌辦的大阪電子展。電子展很成功，很多人圍在孫正義的軟銀免費展示區。就這樣，孫正義向業界宣告了自己和軟銀的到來，打響了事業的第一槍。

很快，孫正義的投入就獲得了回報。在大阪電子展結束之後，日本上新電機公司找到了孫正義，希望軟銀能夠代理日本最大的零售公司上新電機軟體業務，孫正義自然是求之不得，雙方很快就達成了共識。而上新電機能夠選擇初出茅廬的軟銀，很大的原因得益於孫正義籌辦的大阪電子展。上新電機公司需要尋找一家軟體代理公司，一位曾經參加過大阪電子展的企業負責人向上新電機公司的藤原睦朗先生推薦了孫正義，雙方在牽線搭橋下得以合作。

除了上新電機的軟體業務，孫正義還獲得了哈特森公司的獨家代理權。哈特森軟體公司是當時業界首屈一指的軟體公司，孫正義曾經也向它發出了展覽邀請，但是遭到了拒絕。之所以能夠看上孫正義，原因是哈特森的總經理工藤裕司對孫正義的激情與熱血印象深刻，工藤裕司認為如此做事認真的人不可能不成功。

不過欣賞歸欣賞，生意是另外一碼事。工藤裕司還打算讓電波社和夏普集團的子公司Nideco一起參與代理。面對這樣的競爭對手，孫正義顯得勝算渺茫，不過他最終經過東拼西湊，籌齊了工藤裕司要求的金額，一舉拿下了哈特森軟體公司的獨家代理權。

憑藉與上新電機和哈特森的兩份合約，軟銀在幾個月內從一個一窮二白的公司一躍成為日本最大的軟體流通商。從此以後，許多軟體公司都主動要求加入軟銀的加盟店，軟銀的業績就像滾雪球一樣增長。

一切困難在孫正義眼中似乎都不是困難。他總能在那些看起來毫無破解希望的難題中找到解題的方法。這或許是「成為日本第一」的決心產生作用，他說，一旦下決心成為第一，就要集中精力，無論如何都要向這個目標前進。

雕爺牛腩也是這樣，他們的口號是「寧當榴槤，不做香蕉」，意思是要做一個有人喜歡有人恨的榴槤，也不能做一根既不討喜也不討厭的，沒有任何特點的香蕉。雕爺牛腩的特點，首先是菜色很少，只有12道菜。這與其他恨不得將滿漢全席盡數收羅的傳統中餐館相比差異極大。因此在老闆看來，「第二次來點菜的客人與第一次點單的重複率高達80％」。

除了菜色少，雕爺牛腩在賣酒時也論「杯」賣而不論「瓶」賣，同時規定餐館裡不接待帶小孩的家庭。這幾樣條件綜合下來，能夠保證那些喜歡雕爺牛腩的客人在這裡得到極致的服務體驗。事實也證明，雕爺牛腩的翻桌率確實不低，而且坪效往往遠遠高於同商場內的其他餐館。

不僅僅是餐飲業，仔細觀察各行業的翹楚，每個人的成功背後都是「堅持業界第一，做到極致」的思維。

自媒體人羅振宇每天早上6點半發一條60秒的語音訊息，不多一秒，也不少一秒，用他自己的話說，這是「死磕」（意指死不罷休），因為這精準的60秒，他需要重複錄上好幾次，而且他一做就是一年，每天早上6點半，每條60秒。

榮昌洗衣店最近推出一個新的項目「E袋洗」。這個項目說起來很簡單，消費者透過微信下單，洗衣店的員工上門把髒衣服取走，洗好了再送回來，承諾不超過72個小時。「E袋洗」的「死磕」體現在一個「口袋」上。這個口袋是「E袋洗」用來收用戶的髒衣服的，無論從材料還是配色上都經過了專門設計，包括字體。榮昌的創始人張榮耀說：「別小瞧這個字體，我們都是花了很長時間去搭配、設計的，這些細節是最難做的。」這就是對細節的死磕。

「不瘋魔不成活」，既然想做第一，那就在細節上下足功夫，逼死自己才能成功。

一旦下決心成為第一，就要集中精力，無論如何都要從這個目標前進。

做更大的事，找存在感

如果覺得世界是屬於自己的，那就做點什麼。

今天我們成立一個世界最大的網路購物市場，透過這樣一個合作，從6月初開始，我們會看到世界最大的網路購物市場將會誕生，大家只要稍微做一個點擊就能夠輕鬆進行購物和銷售，我們看到這裡面有幾個關鍵字，把外貿成本減為零，另外有更廣闊的外貿管道，語言問題、通關問題，各種各樣複雜的問題都能夠得到徹底解決，大家都不需要很多複雜手續，而且可以把銷售管道擴展到無限大，如果這兩方緊密合作，把4.5億件商品放到網上進行選擇，而且網上購物方法跟原先大家使用熟悉的方法是完全一樣的。

商界流傳著一段經典的對白：

1983年，蘋果創始人史蒂夫．賈伯斯打算挖角百事可樂的CEO斯卡利。剛開始斯卡利顯得猶豫不決，因為他從來沒想到自己會和科技公司掛鉤，不過賈伯斯對他說了下面一句話，讓他改變了主意：

Do you want to sell sugar water for the rest of your life, or do you want to change the world?

你想賣一輩子糖水，還是改變世界？

毫無疑問，斯卡利選擇「改變世界」。

職業沒有高低貴賤之分，夢想有大小。「人生只有一次，值得你仔細設計。」孫正義也是個想要改變世界的人，他在很小的時候就樹立了「將來要做一番大事」的理想。

人生其實都是自己的一個個選擇，志向遠大的人不應花費時間做分散精力的事情，應該為自己的夢想全力以赴。

有這麼一個鄉村郵差。有一天，他在山路上被一塊石頭絆倒了。他發現絆倒他的石頭形狀很特別，於是，他便把石頭放進了自己的郵包裡。當他把信送到村子裡時，人們發現他的郵包裡除了信之外，還有一塊沉甸甸的石頭。

大家覺得很奇怪，問他為什麼要帶著這麼沉的一塊石頭。郵差取出那塊石頭，向人們炫耀：「你們看啊，這是一塊多麼美麗的石頭，它的形狀這麼特別，你們以前一定沒有見過這樣的石頭。」

人們聽到他這麼說，嘲笑他：「這樣的石頭山上到處都是，你帶著這麼沉的石頭到處走，負擔多重啊，不如把它扔了吧。如果你想要撿這樣的石頭，山上足夠你撿一輩子了。」

郵差不理會人們的嘲笑，不肯扔掉那塊美麗的石頭。他晚上回到家，躺在床上，腦海裡忽然冒出這樣一個念頭：要是我能夠用這樣美麗的石頭建造一座城堡，那該有多美啊！

從那以後，他每天除了送信之外，都會帶回一塊石頭。過了不久，他收集了一大堆千姿百態的石頭，可是要建造一座城堡，這些石頭遠遠不夠。

郵差意識到，每天收集一塊石頭的速度太慢了。於是，他開始用獨輪車送信，這樣每天送信的同時，他可以推回一車子石頭。他的行為在人們看來簡直是瘋了，無論是他的石頭還是他的城堡，都受到人們的嘲笑，可他絲毫沒有理會人們譏諷的目光。

在20多年的時間裡，郵差每一天都堅持找石頭、運石頭和搭建城堡，在他的住處周圍，漸漸出現了一座又一座城堡，錯落有致，風格各異，有清真寺式的，有印度神廟式的，有基督教堂式的，等等。

後來，郵差的城堡被法國一家報社的記者發現，這位記者撰寫了一篇介紹文章。一時間，郵差成為新聞人物，許多人都慕名前來觀賞城堡，甚至連當時最有聲望的畢卡索大師都專程趕來參觀。如今，他的城堡已經成為法國最著名的風景旅遊點之一，也就是著名的「郵差薛瓦勒之理想宮」。據說，城堡入口處就是當年絆倒薛瓦勒的那塊石頭，石頭上還刻著一句話：「我想知道一塊有了願望的石頭能夠走多遠。」

從一份簡單的工作到一項執著的事業追求，總存在著夢想與現實的對立，來自輿論的不解和壓力，這些都是讓人苦惱的問題。孫正義在柏克萊讀書時，父親孫三憲生病住院，而孫家依然堅持每個月給孫正義匯去20萬日圓的生活費，這讓孫正義心裡很過意不去。為了減輕家裡的負擔，孫正義決定自己出去賺錢，他要創出一番事業。

可是怎樣才能賺夠生活費呢？而且自己之前還向未婚妻大野優美誇下海口要養活她，似乎只有打工這一條路。當時很多大學生都會選擇在課餘時間出去打工，一方面可以補貼生活費，一方面也算是提前體驗社會生活。不過孫正義沒有選擇打工，不是他覺得辛苦，賺的錢太少，而是在當時還有更重要的事情要做——學習。

孫正義將絕大部分時間和精力都用在了他口中的大事上，他拚命讀書，規定自己每天只有5分鐘的時間不用來學習，而是用來思考創業點。總不能靠著這短短的5分鐘打工吧？事實就是孫正義不僅依靠這5分鐘養活了自己和優美，而且還有盈餘，因為他每個月能賺1000多萬日圓。

當孫正義的同學聽說他每天花費5分鐘，每個月賺到1000多萬日圓時，忍不住說了一句「foolish」，因為在舊金山只有毒販才有這樣的本事。所以大家開始都以為孫正義為生活所迫，不惜鋌而走險販毒去了。後來大家才知道，孫正義是靠發明專利才每個月賺到這麼多的錢。

孫正義靠著自己日常累積的發明靈感，給自己帶來了不菲的收入。因為有了財務自由，孫正義將大部分時間花在了實驗室、圖書館、電腦室，為自己的互聯網事業打拚。而此時，大多數人還在餐館兼職打工。

2014年10月26日，一家名叫「叫個鴨子」的烤鴨店在北京建外SOHO開張。你可能還沒聽過「叫個鴨子」。它是做烤鴨外賣的，廚房在北京工體，以此為中心，滿北京城地送鴨上門。

「叫個鴨子」的創始人、CEO曲博，1985年生，北京人。2003年9月，18歲的曲博成功創辦和營運了燕姿歌迷俱樂部，2004年進入百度，做社區、策劃行銷，在百度一待就是10年。雖然有著不菲的收入，但在曲博看來，打工並不能讓自己快樂，創業才是自己真正想做的事情，「年輕人如果有一次創業機會是很好的。」在經歷多年準備後，曲博終於累積了足夠的經營經驗和創業資金，「叫個鴨子」應運而生。

之前，其粉絲主要是在微信上「叫鴨」，而之所以選在建外SOHO，是因為黃太吉創始人赫暢的邀約。他們預計未來一年內在北京還會開4～5家這樣的自提門店，佈局在東城、西城、亞運村。每一個自提門店下可能有3～4個配送點。產品下一步正在研發鴨零件，準備做塑封包裝的售賣。

人因堅持理想而偉大。理想就像陰天裡的一朵向日葵，雖然在現實裡輾轉，在挫折中遊走，但我們要像堅持初戀一樣堅持理想。

人生只有一次，值得你仔細設計。

Soft Bank

第三章 持續創業，持續進化

我們最大的興趣現在就是投資亞洲公司，中國對我們來說提供了最多的機遇，我希望能夠幫助那些小的年輕的公司，互聯網公司，尤其是中國的網路公司。只要你們有熱情有激情有夢想，我是願意來支持你們的。希望能夠和你們一起成功。

「野心」的膨脹必須足夠強烈

剛開始時，我什麼都沒有，甚至連要幹什麼都沒想清楚，但是人生就這樣上路了。別的我不清楚，我只知道我要成為全日本第一的企業家，成為留名歷史的人。我能有今天的成功，得歸功於當時無知的夢想和野心。

其實我大概30年前創立了軟銀公司，我在創建這個軟銀公司的時候，沒錢也沒有經驗，同時也沒有生意上的關係。我的熱情就是要成為在日本甚至全球非常成功的人士，來提供新的技術，給人們提供新的生活方式，主要是生活中使用電腦的力量，未來使用網際網路的力量，來幫助我達成我的夢想，當時我是這樣想的。

男人必須要有野心，孫正義就曾被柏克萊的導師稱為「野心家」。野心不是不擇手段，不是處心積慮，用得好是催人奮進的良藥。強烈的野心是事業的起點，正如小火苗不能釋放巨大的光和熱一樣，但能讓人對目標產生「想要」的渴望。

有一位年輕人想向大哲學家蘇格拉底請教成功的秘訣。蘇格拉底並沒有回答他，第二天，蘇格拉底把這個年輕人帶到一條小河邊。

蘇格拉底撲通一聲跳進了河裡。年輕人很奇怪，大師不告知我成功的秘訣，難道這是要教我游泳嗎？看見蘇格拉底在河中向他揮手示意，年輕人稀裡糊塗地也跳進了河裡。沒想到，他一跳下來，蘇格拉底立即用力將他的腦袋按進水裡。年輕人用力掙扎，剛一出水面，蘇格拉底再次用更大的力將他的腦袋按進水裡。年輕人拚命掙扎，剛出水面，還來不及喘氣，沒想到蘇格拉底第三次死死地將他的腦袋按進水裡。

年輕人感覺大師不像是在開玩笑，再這樣下去自己就要命喪河中了！求生的欲望使他用盡全身力氣再次掙扎出水面，不等蘇格拉底反應就瘋了似的往岸上跑。爬上岸後，他驚魂未定地指著還在水裡的蘇格拉底說：「大師，你到底、到底想幹什麼？」

蘇格拉底慢慢走上岸，問年輕人：「你在水裡最想得到的是什麼？」

年輕人回答說：「空氣！沒有空氣我就淹死了！」

蘇格拉底說：「這就是秘訣。你必須對成功有著強烈的欲望，就像你有著強烈的求生欲望一樣。」

要敢做別人不敢做的夢，很多時候最終的成功往往超出了別人的預想。「想要成功」是事業的第一步，如果連這個念頭都沒有的話，怎麼會付諸實踐？

在日本，孫正義以「擁有盲目自信和野心」著稱，不論是在美國求學還是經營軟銀的過程中，他都曾經放出不少狂言，甚至有「吹牛大王」的綽號，而這個特質來自父親孫三憲的「天才教育法」。所謂「天才教育法」，是指孫三憲經常誇讚兒子孫正義為天才的一種誇張式的鼓勵教育法。

也許是因為待在孫正義身邊時間太少的緣故，父親孫三憲在實行他獨創的「天才教育法」時，有些不切實際地給孫正義盲目讚揚。至今孫正義依然記得自己剛剛會數數沒多久，父親僅僅是聽到他數出了「一、二、三……」，都會大驚小怪地叫道：「哎呀，我的兒子不就是個天才嘛！」

當問起父親為什麼總是這樣不顧事實地誇讚孫正義時，他認為只要不停地說自己的孩子是天才，那麼也許孩子們真的會因此把自己當作無所不能的天才，「只要我想做，就沒有做不到的。堅決不滿足於普通，因為我是全日本第一的天才。」而孫正義後來形成的強烈的自信就是小時候父親種下的種子。等到長大，父親的鼓勵早已根植於孫正義心底，他也認同「自己是一個做大事的人」這樣的想法。

現在看來，孫正義剛創業時的野心無疑是非常離奇的，超出了常人的理解，但是他還是從未放棄過自己那看似「不切實際」的夢，因為他堅信，凡能成功的人必然心懷著強烈的成功欲望。「我成功是因為我志在成功。」

心理學上有一個概念叫作「期望強度」，指的是一個人在實現自己想要達到的既定目標過程中，面對各種困難和挑戰所能夠承受的心理限度，簡單地說就是成功欲望的牢固程度。如果一個人的期望強度很低，那麼他在殘酷的競爭和艱難的挑戰面前很容易就會繳械投降；而一個人的野心足夠大，他對自己的未來就會有很高的期望強度，那麼就能扛住所有痛楚。

稻盛和夫在剛開始創辦京瓷公司的時候，成為「世界第一大陶瓷公司」的目標不可謂不大。當時的京瓷公司還只是初創的小企業，在日本本土爭做陶瓷業第一把交椅尚需時日，更何況是世界第一。稻盛和夫作為創辦者，在技術方面有經驗和見地，但管理知識和經驗可以說是非常少。當時，對於這個宏大的夢想，公司既沒有實施戰略，也沒有發展規劃。可以說，「世界第一大陶瓷公司」只是一個不切實際的「野心」而已。

然而，他認為無論多麼遙遠的夢想，只要你「想」得到，也就是有勇氣，有野心，一路堅持下去，就能夠實現。他經常在日常的工作、聯歡會等各種場合反覆地對員工說起這個事業夢想，久而久之，他個人的這個夢想也成了全體員工的夢想。

郝鴻峰，酒仙網董事長兼總裁，2009年他在清華大學EMBA課程中產生了對電子商務的興趣，隨後創辦酒仙網。

創辦之初，作為一名從事傳統行業的人士，郝鴻峰沒有技術，沒有資源，沒有經驗，幾乎什麼都沒有，只有野心。在盲目的野心驅使下，郝鴻峰帶領團隊從山西太原起步，隨後以北京為中心，逐漸壯大酒仙網的影響力，隨後與全國80%規模以上酒企建立深度合作關係，並逐步實現了全品類擴張，充分滿足消費者個性化需求。

郝鴻峰還不斷革新酒仙網的營運商業模式，除了整體營運酒企在酒仙網官網、大貓、京東等平臺上的旗艦店之外，還提供產品開發、品牌宣傳、產品行銷、物流配送、售後服務等一系列配套服務。郝鴻峰還成立了酒快到子公司，啟動外送戰略，進一步完善了對酒企的電商綜合服務，幫助線下經銷商分享電子商務紅利。

經過多年的摸爬滾打，酒仙網已成為目前中國最大的酒類電子商務綜合服務公司。

孫正義認為，成功來源於「我一定要」的強烈欲望，必須對成功有著強烈的渴求，將定下的目標牢牢刻在心裡，所有的思想和行動都圍繞著這個目標進行；滋養自己對成功的野心，使之強烈地滲透到潛意識裡，讓自己一天24小時都專注於定下的目標，即使在睡夢中也念念不忘，也就是我們常說的「做夢都在想」。

入行前，花足夠的時間做調查

為了選對行業，多花一點時間也是值得的。

「男怕入錯行」，是人人都懂得的道理，選對行業，乘勢而飛；選錯行業，一事無成。事實上，現代社會中，絕大部分人不論是找工作還是創業，只把事業當作一份領薪水的差事，只把工作當作「飯票」。之所以會這樣，與創業環境與工作壓力有很大的關係。

在日本，由於市場經濟已經高度成熟，創業競爭激烈。在焦急情緒的影響下，很多年輕人的創業十分盲目，還沒有想清楚就選擇開始，很容易陷入兩個創業迷思：

1.跟著感覺走，缺少前期準備

初出茅廬，既沒經驗又缺乏耐心，創業往往跟著感覺走，覺得某個行業有錢賺，或聽別人說某個行業好，就將錢往裡扔。很多人都因缺少市場調查分析等投資前期準備，入錯了行而弄得血本無歸。

2.眼光太高，對小生意不屑一顧

很多人在創業時都將目光投向高、精、尖產品，不願意做小產品，不願意研究小項目，一開始就希望賺大錢，認為小打小鬧成不了大氣候。其實，世界500強企業中的美國吉列、麥當勞，當家產品也不過是刮鬍刀和漢堡這樣的「小玩意兒」。生產螺絲釘也好，繡花針也好，做成規模、做出品牌就有很大的前景。

年輕人在考慮創業的時候，考慮得最多的是這個行業能不能賺錢，而不是自己能不能做得了。在這種心態的指引下，很多創業者盲目選擇了與自身能力並不適應的行業。

這些年輕人所經歷過的痛苦，孫正義感同身受。孫正義在創業時也同樣面臨著這個問題：是否跟隨大流進入當時最熱的金融、製造行業？要知道，孫正義可是柏克萊的經濟學高才生。

不過孫正義「謀定而後動」，也許有很多人的成功開始於一次偶然的選擇，但對於孫正義來說，運氣、偶然都是不切實際的名詞，未來的方向必須以理性做指導。

比如先看哪一個行業適合發展，要結合自己的內部資源和外部環境來考慮，選出自己有可能進入的幾個行業，然後有針對性地進行分析考慮，最後確定自己應該投入哪一個行業。

找準細分領域中的一個空白點，用整體產品策略跨越鴻溝，站穩腳跟後借助傳播的力量開拓市場。我們可以看看「快書包」是如何從線上書店巨頭中搶到消費者的。

快書包在2010年6月9日上線時只賣書，但書的品種和規模都無法與電商巨頭相比，而且快書包上的圖書價格也無法與現有的線上書店拚低價。更重要的是，當當、京東、亞馬遜已經成了大多數消費者網上購書的首選，快書包如何能在巨頭林立中殺出重圍？制勝的關鍵在於，快書包發現了主流市場中的一個空白點。

快書包發現，線上購書的消費人群中有相當一部分是白領，價格對於他們並不是購買的決定因素，「送得太慢」才是他們在網上購書的最大痛苦。正是這個細小的空白點，讓快書包有了機會。

快書包首先選擇主流市場中愛書，並且年購書金額達到300元以上的用戶。同時，快書包只選擇書價偏高的精品類書，放棄了已經競爭硝煙瀰漫的大眾書市場。「快」——承諾1小時到貨的「限時送」和配送時間自主選擇的「定時送」，突破電子商務配送的極限。正是這樣的定位使快書包從線上書店巨頭處爭取到了大量用戶，累積了口碑。

2012年快書包得到了新浪微博基金900萬元的投資，這個數目不大但已經足夠讓快書包在電商主流市場中開拓。現在快書包以此為基礎逐步拓展自己的消費品門類，不只賣書，另有零食和鮮花頻道，它由一家書店慢慢地向精品便利店轉變。

其實，孫正義早在上初中的時候就開始思考自己的人生道路，並且立志將來一定要做一番大事業，成為在日本歷史上留名的男人。豪言壯語是每個少年都有的，計畫與執行力才是能否實現夢想的關鍵。當時孫正義迷戀擊劍，是學校擊劍俱樂部的「劍客」，一則流傳於擊劍界的故事讓他對自己的夢想有了更進一步的認識。

日本近代有兩位一流的劍客，一位是宮本武藏，另一位是柳生又壽郎，宮本是柳生的師父。

當年，柳生拜師學藝時，問宮本：「師父，根據我的資質，要練多久才能成為一流的劍客呢？」

宮本答道：「最少也要10年吧！」

柳生說：「10年太久了，假如我加倍努力地苦練，多久可以成為一流的劍客呢？」

宮本答道：「那就要20年了。」

柳生一臉狐疑，又問：「如果我晚上不睡覺，夜以繼日地苦練，多久可以成為一流的劍客呢？」

宮本答道：「你晚上不睡覺練劍，必死無疑，完全不可能成為一流的劍客。」

柳生頗不以為然地說：「師父，這太難了，為什麼我越努力練劍，成為一流劍客的時間反而越長呢？」

宮本答道：「要成為一流劍客的先決條件，就是必須永遠保留一隻眼睛注視自己，不斷反省自己。現在你兩隻眼睛都看著一流劍客的招牌，哪裡還有眼睛注視自己呢？」

是的，即使有一心向前奔的心，也要注意抬頭看路，否則一頭栽進歧路，只會越走越偏。受其啟發，孫正義在大學畢業後，並沒有急著開始自己的創業，而是慢條斯理地調查日本的各行各業。

到底要從哪裡開始自己的事業呢？就像給自己挑選終身伴侶一樣，孫正義開始物色自己的新事業。這並不是一項簡單的工作，必須進行嚴謹而細緻的市場調查不可。

孫正義鋪開紙張列出了能讓自己傾心的事業的標準：

1必須是朝陽產業；

2 必須是值得自己投入一生的；

3 這個行業必須是自己感興趣的，能夠讓自己在未來 50 年裡全身心投入

……

孫正義為自己寫下了 25 項事業標準。然後他開始查閱資料，拜訪形形色色的人，聽取經驗，最終他挑出了 40 個候選行業。

在定下 40 個行業之後，孫正義開始對它們進行細緻的市場調查。他先是成立了一家個人事務所，後來為了便於展開工作，他成立了一家公司，名字叫作 Unison World。看起來，孫正義似乎是一家公司的老闆，但事實上他的公司只是為了方便調查，沒有任何收益，所以實際上他是個沒有工作，沒有收入的人。不過，孫正義知道，這段時間是必需的，那是高飛前的潛藏與蟄伏期。

40 個行業，每一項都做出了詳細的組織結構圖，並且做了未來 10 年的損益預計平衡表、資金周轉表、資產負債表，然後他將這些資料與自己定下的項目選擇標準逐一對照打分，確定它們是否符合自己的心中所想。每一個行業的調查文件加起來都接近半公尺厚。

其實以孫正義的能力來說，當時隨便選一個產業投入，細心經營也未必會輸，但他並不想因為壓力就把自己的未來交給運氣。對他來說，這是一項終生的事業，以他的脾氣，無論選擇了哪一項他都會全身心投入，而一旦做起來就會是好幾年，因此「萬一失敗了，就要從頭再來」。不是害怕從頭再來，只是人生短短幾年，他不想浪費時間。

終於，一年半的時間過去了，在市場調查文件已經堆成十幾公尺高的小山時，他終於找到了出路——電腦軟體批發。

現在看來，孫正義把握未來的能力無疑是高人一籌的，在選擇創業行業這一問題上，孫正義有自己獨特的思考模式：

1. 把自己的性格想清楚

如果創業者的性格是急躁型的，適合做貿易型的項目。這種類型的人不應選擇生產型的項目，因為生產的項目需要很長時間的市場適應期，需要一個市場對創業者品牌的認知過程。為了確保項目的長期發展，需要不斷地擴大規模，急躁型的創業者可能等不了那麼長的時間，一旦創業者撐不住，設備、半成品就一文不值了，創業者必然陷入累累糾紛的泥潭之中。此外，娛樂服務型項目也不適合急躁型的創業者，因為現在的客戶是越來越挑剔了，有時候刁鑽的客人會讓創業者暴跳如雷，那客戶將越來越少，最終的結果必然是關門大吉。當然，創業者如果有合夥人，並且相互之間性格能夠互補，也是可以選擇自己性格不允許的項目的。

2. 把自己的特長想清楚

特長、專業、才智、閱歷在某種情況下會成為選擇項目的主要根據。這有利於創業者一開始就進入嫻熟的工作狀態，使創業者的初始創業成功率高出很多。當然，創業者如果具備較高的才智和較豐富的閱歷，確定自己能力非凡，也不一定要選擇自己熟悉的東西，事在人為，因為這樣的創業者在短期內就會熟悉所選擇的行業。

3.把自身的資源想清楚

丹麥的樂高玩具公司是玩具業的巨擘，在樂高統治之外的長尾市場中就有許多企業受益，美國石臂玩具製造公司就是其中之一。

樂高作為傳統大型製造公司，為了利潤最大化和儘量多地節約成本，遵循著工業化生產的經典路線：以規模化生產，零部件生產標準化，並採用流水線操作模式。因此，公司不可能在生產每一種玩具零部件時都達到規模經濟性的要求，也不可能大量地生產所有樂高玩具迷們喜歡的所有品種。石臂公司正是瞄準了樂高「不屑」照顧的消費者。

如果說樂高關注的是主流的消費者，那麼石臂製作的則是「小眾」產品，它的客戶則是「長尾」，他們有一個共同特點：覺得樂高提供的標準玩具組合不夠酷，他們的要求超出了樂高標準化生產的要求，比如20世紀的武器，於是石臂公司專注於生產這些武器搭配樂高的玩具。這些顧客的年齡層要比樂高公司的顧客群更廣一些。他們一般在8～12歲，甚至更高。這些孩子也更有機會發展成為公司的忠實粉絲。如今，石臂已經發展成為一家利潤豐厚的玩具公司，英國、澳大利亞、瑞典、加拿大和德國都有經銷商。

石臂公司和同類企業是以小眾市場作為目標，這些市場往往為行業巨頭們忽略。中小企業可以在保持自己產品專一性的前提下避開競爭的鋒芒，從細分市場中找到機會。

系統地來講，資本少的創業者可以選擇最簡單的販賣式的創業方法。如在大城市批發些服裝、雜貨等去比較小的城市出售。對於特色類的東西一般情況下市場雖小，但是利潤還是很不錯的。

資本中等的創業者可以選擇依靠或者依託別人的現有資本、生產材料等進行創業。如很多企業效益不是很好，可以租賃他們的廠房或者在他們的企業附近生產製造同類的產品。因為你的規模比他們的小，成本自然會低些，價格自然便宜。

資本雄厚者可以選擇那些同類產品少的，前景很好的行業，如環保行業、保健行業、婦幼行業等。這些行業市場的需求很大，但是產品很少或者不夠完善，擁有很大的發展空間。

想得清才能看得清，看得清才能走得遠。「摸不清的行業，再熱鬧也不能進」，所有創業者都應當謹記這一點。

選定行業，不愚直無法成長

男人光有聰明是不行的，有時候需要死腦筋一下。

我每天早晨起床的第一件事，就是打開我的筆記型電腦和桌上型電腦。這件事情甚至要在我洗臉或者吃早飯前完成。我打開電腦後，首先是瀏覽世界各地的新聞。我在東京的家裡瀏覽美國、中國、歐洲、韓國等地的新聞。接下來是看我的電子郵件，看看從我的朋友和客戶那裡發來的郵件，然後一一作出回覆。這是我早上要做的最重要的一件事。

「男人光有聰明是不行的，有時候需要死腦筋一下。」在軟銀，這是經常聽到的一句話。「無志者常立志，有志者立長志」，好的創業火花從來就不缺乏，但是能夠成功的永遠是堅持到最後的人，要有一股愚直的勁。

所謂「愚直」，不是「愚蠢」，不是「愚昧」，更不是「愚者千慮，或有一得」；它更像是「愚公移山」的堅韌不拔，「大智若愚」的內秀。創業者需要智慧，需要精力，需要創意，最終比拚的還是一股愚直、不轉彎的韌勁。沒有愚直，再好的想法也終究停留在腦海裡。

創業者在創業過程中總會遇到各種各樣的壓力，如何正確看待壓力，將壓力化為無形是每一個創業者都需要正視的問題。怎麼做？白手起家的孫正義十分認同下面幾種方法：

1.接受壓力，不要逃避

在遇到難題的時候，不要逃避而是要勇敢面對。不管付出什麼樣的代價，一定要下決心完成任務，堅信壓力是創業成功必不可少的因素。

2.以誠懇的態度審視問題

創業者要睜大眼睛從各個角度來看待形勢。當面對困難需要解決的時候，要以誠懇和謙卑的態度，根據實際情況，找出解決問題的方法。

3.堅定信念，保持積極的態度

創業者即使是在最難熬的逆境中也要永遠保持快樂的心情、積極的態度，並充滿熱忱。要擁有開闊的心胸，把所有的疑慮、負面的想法從心中根除，不能因為接踵而至的挑戰就朝負面的方向想，變得悲觀而憤世嫉俗。

事實上，孫正義也是這樣做的。「1981年9月，我在離家很近的福岡縣大野城市創立了軟銀公司。當時公司位於一個連空調都沒有的陳舊建築的二樓。」在蒼蠅滿天飛的環境下，孫正義開始了軟銀帝國的征途。

軟銀集團當初是那樣的寒酸，甚至連起步都走得歪歪扭扭。當時孫正義一窮二白，根本沒有起步資金，他從銀行貸了100萬美元。這100萬來之不易，孫正義跑了許多家銀行申請，都被拒絕了。原因有些特別：因為他的姓氏。在日本十幾萬姓氏當中，「孫」姓真的非常少見，對於日本的銀行業務員來說，這個姓的陌生程度就好像它是來自火星一樣。

「我是韓國人。」孫正義有些無奈。被拒絕到最後他甚至產生了一種錯覺，覺得也許得用自己的性命來做擔保才會有效。

看起來好像貸款毫無希望，但是孫正義偏不信邪，死腦筋的他開始和銀行死纏爛打，告訴銀行自己的姓氏不應該成為卡住貸款的絆腳石。經過一番折騰，孫正義的公司在日本東京都千代區開張了，名叫「SoftBank」——軟銀。今天這個名字代表一個時代，但當時它只是一個連像樣的辦公室都沒有的小公司，而且孫正義還在公司開業的儀式上說了一番讓人不敢相信的話，這一切都讓他的公司顯得有些滑稽。

公司成立那天，孫正義不知道從哪裡弄來了一個蘋果箱，站在上面對自己僅有的兩名員工說：「我們的目標是，5年內達到100億日圓銷售規模。10年以內這個數字要達到500億日圓。我們要讓公司發展成為幾兆日圓，幾萬人規模的公司。」

一番話說完，兩名嚇呆的員工，加上站在蘋果箱上只有24歲的孫正義，沉默了許久。別忘了，這還是其他公司的辦公室，其中可憐巴巴的兩張桌子才是屬於孫正義的公司財產。

後來，孫正義每天都拿公司的宏偉藍圖來激勵他僅有的兩名員工，也激勵自己，兩名員工沒被「忽悠」，趕緊辭職，另謀出路。在他們看來，這個每天滔滔不絕的年輕人整天都在瞎吹牛！

很多年以後，孫正義在自己的推特上寫下這樣一句話：

我實現了自己當初的諾言！

是的，孫正義是喜歡吹牛，甚至在日本業界有著「吹牛大王」的綽號，但是他最令人佩服的地方就是能讓吹出去的牛成為現實。

孫正義兒時的玩伴、日本朝日太陽能集團董事長林武志曾說：「其實在我眼裡他就是個吹牛大王，而且吹得比誰都厲害，關鍵是他知道怎樣把自己吹出去的牛變成現實。所以說，他就是個天才，這點我們必須承認。」

憑著這種韌勁，半年之內，孫正義就與日本42家專賣店和94家軟體業者達成了交易，其中包括當時最大的軟體發展企業哈特森公司，他甚至說服了東芝和富士通投資軟銀，公司規模迅速擴大。

每個人小時候都會有一個遠大的夢想，孫正義的「成為日本第一的企業家」的夢想同樣是在小學時就有的。為什麼孫正義最終實現了他的夢想，而絕大多數人最終變得庸庸碌碌？能否始終堅持是關鍵因素。有這麼一則關於夢想的小故事，告訴人們堅持的力量：

有個叫布羅迪的英國教師在整理閣樓上的舊物時，發現了一疊作文簿，它們是25年前31個孩子的春季作文，題目叫《未來我是……》。

布羅迪順便翻了幾本，很快被孩子們千奇百怪的自我設計迷住了。比如，有個叫彼得的學生說，未來的他是海軍大臣；還有一個說，自己將來必定是法國的總統；最讓人稱奇的是一個叫大衛的盲學生，他認為將來自己必定是英國的內閣大臣。總之，31個孩子都在作文中描繪了自己的未來，五花八門，應有盡有。

布羅迪讀著這些作文，突然有一股衝動：何不把這些本子重新發到同學們手中，讓他們看看現在的自己是否實現了25年前的夢想。說幹就幹，他在當地一家報紙上發了一則啟事。沒幾天，書信從四面八方向布羅迪飛來。他們中間有商人、學者及政府官員等，更多的是沒有身分的普通人，他們都表示，很想得到那本作文簿。布羅迪按地址一一給他們寄去。

一年後，布羅迪身邊僅剩下大衛的作文簿沒寄出。他想，這個叫大衛的人也許死了，畢竟25年是什麼事都有可能發生的。

就在這時，他收到內閣教育大臣布倫克特的一封信。信中說：「那個叫大衛的就是我。不過我已經不需要那個本子，因為從那時起，我的夢想就一直在我的腦子裡，我從未放棄過我的夢想，25年過去了，可以說我已經實現了那個夢想。」

布倫克特的這封信後來被發表在《太陽報》上，因為他作為英國第一位盲人大臣，用自己的行動證明了一個真理：假如誰能把15歲時想當總統的願望保持25年，那麼他現在一定已經實現了那時的夢想。

回首孫正義的創業路，稱之為「步步驚心」也不為過。但是孫正義始終相信，「我自己就是天才，將來一定會做一番大事。」這種超人的信心和韌勁讓他顯得有些不切實際，但是也讓他能夠數十年如一日地保持高昂的激情，「只要對自己不停重複夢想，成功就一定會到來。」

信譽是企業的基礎架構

丟什麼也不能丟人。

2008年，著名視頻網站YouTube上流傳著一首名為「聯合航空毀了我的吉他」的歌曲。僅僅一天，它的點擊率就超過15萬，不到一個月，就有500萬人聽過這首歌。2008年年底，這首歌名列美國《時代週刊》評選的「年度病毒式傳播視頻榜」第七名。

從這首歌的歌名就可以知道它寫的是一名旅客在乘坐美國聯合航空時被弄壞了吉他。當時，這名旅客托運了一把價值3500美元的吉他。當客機在中途轉機降落時，旅客發現行李工搬運行李時粗暴地將行李扔在了地上，當時他就有不祥的預感。果然，到達目的地之後他發現吉他壞了。旅客就此向航空公司提出了申訴，卻被航空公司以「超過24小時申訴時效」為由拒絕了。雖然這名旅客不遺餘力地與航空公司進行了9個月的交涉，但最終的結果依然令他失望。無奈之下，他寫下了《聯合航空毀了我的吉他》這首歌，並放到了YouTube上。這首歌在網路上出名後，美國聯合航空的許多潛在客戶自然也看到了，但航空公司依然選擇沉默。

直到最後，聯合航空公司才終於放下了架子決定解決問題，他們提出免費賠償旅客的吉他，但是為時已晚，公司的形象和聲譽已經隨著那首歌的走紅而跌到了谷底，公司的股價也因這次失敗的服務而下跌了10％。

由此可見，誠信乃是商業之本。在日本，個人的信譽、企業的口碑顯得尤為重要。

孫正義在商海闖蕩了30多年，經歷過無數危急時刻，但是1986年的「軟銀事件」絕對令他一生難忘。

1986年春，經過3年的痛苦掙扎，孫正義終於戰勝了病魔，開始回到軟銀的一線。不過，等待他的不是員工的鮮花與安慰，而是債務與矛盾。

自從軟銀成立以來，公司一直處於入不敷出的虧損狀態，「那段日子我們透過銀行貸款解救燃眉之急。」1984年，孫正義希望能夠透過子公司開展一項商品價格資料庫化的業務，不幸的是，這項業務因為資金、人力等原因失敗。

再後來，孫正義為了扭轉敗局，開始試水出版業，軟銀甚至出版了《Oh!PC》和《Oh!MZ》等雜誌。但是因為孫正義本人忙於治療，無暇顧及雜誌，《Oh!PC》和《Oh!MZ》在很長時間內銷量低迷，內容也相當粗製濫造。受到這些不良業務的影響，等到孫正義出院時，他身上已經背負超過10億日圓的巨額債務。壓力可想而知。

不僅如此，公司人事也陷入一片混亂，由於孫正義隱退二線已久，公司高層早已是門派林立，甚至有一幫人聯合起來反對孫正義，大有逼宮的意思。孫正義剛回到公司沒多久，20多名公司管理層和員工聯合起來提交辭職信，「軟銀事件」由此爆發。

「我一直很信賴的20名能力出色的高管和員工一起提交了辭職信。他們說是要獨立出去，自己開辦公司。這是背叛。但是我壓制住自己的屈辱感，一直挽留他們。不過最終還是沒能留住。」堅強的孫正義回憶起當初的事情時，依然感到十分寒心。

面對這樣的爛攤子，一邊是巨額債務，一邊是即將分崩離析的軟銀，大病初癒的孫正義似乎只有一條路可以走：宣佈破產。

不過孫正義考慮的不是自己會不會成為一無所有的窮光蛋，而是別人會如何看待自己。要知道，日本是一個重視公共信譽的社會，商業領域內尤其如此。一次創業失敗也許真的不算什麼，但是這樣草草收場，無疑會給投資人和客戶留下壞印象：孫正義也不過是個不守信用的「江湖騙子」。

沒有別的出路，只能面對。孫正義決心不再向投資人隱瞞軟銀面臨的困境，他向投資人闡明了當下的狀況，並且懇求投資人能夠伸出援助之手。在坦承之後，孫正義開始著手提高軟銀的產品品質，主要是《Oh! PC》和《Oh! MZ》兩本雜誌的品質。為此，孫正義採取如下的改進措施：

在電視臺做廣告，增加雜誌的知名度，讓更多人知道它們的存在；提高文稿的品質，消除錯別字、漏字。重新設計封面和插圖，以期美觀。增加頁數，豐富雜誌內容。下調定價，從原來的680日圓降為580日圓。透過內外整頓，軟銀逐漸從瀕死的狀態被拉回。

細思孫正義做的挽救措施，與下面幾點原則不謀而合：做不了的事情不輕易承諾，答應了就要做到；不喊虛浮的口號；不用不道德的手段；不要「小聰明」；產品或服務的誠信代價就是品牌的成本。

有一天，一個法國農場主自行駕車從農場出發到德國去。一路上，他的心情很不錯，邊開車邊吹著口哨。然而，在法國的一個荒村，他的心情突然一落千丈，因為汽車發動機出了故障。這可是賓士車啊！農場主心情糟糕透了，而且很生賓士公司的氣。但再生氣也不管用，總不能把車丟在這荒村。無奈之下，他只好向賓士公司求援。但這個地方離賓士公司太遠了，公司是否會派人來修，他心裡沒底。

費了好大的功夫，他終於用汽車裡的小型發報機聯繫上了德國賓士車總部。賓士公司聲稱立即處理。雖然說「立即」，但路途遙遠，也不是一下子能到達的，農場主沮喪地坐在車裡發呆。結果，意想不到的事情發生了：一個小時後，天空傳來了飛機的聲音，原來，賓士汽車修理廠的檢修工人在工程師的帶領下坐飛機趕來了！

「對不起，讓您久等了，我們會在最短的時間內把車修好，請您再等一會兒，馬上就好！」工程師一行人一下飛機馬上表示道歉，並立即投入檢修工作。

技術人員一邊安慰農場主，一邊動手檢修。農場主一邊看著他們修，一邊心裡直打鼓，他盤算著這得需要多少修理費，開飛機來的成本可不低，萬一要價太高，超過了口袋裡的現金怎麼辦？

他們的服務態度不錯，技術看來也很好，可是開飛機來修車，是不是太不合算了？我該不該給他們提個建議，讓他們以後別開飛機去修車了？汽車很快就修好了。「多少錢？」農場主有點膽怯地問。

「免費服務。」

「免費？」農場主不敢相信自己的耳朵。

工程師說：「出現這樣的情況，是我們的品質檢驗沒有做好，我們應該負全部的責任，為您提供無償的服務是我們應該做的。」

孫正義同樣把信譽當成軟銀的生命，有時比他自己的生命還重要。他認為，信譽是樹立品牌的關鍵。在當今市場，從牙刷到理財服務，每樣商品都有成千上萬種選擇。由於產品、服務和技術如此易於模仿，產品、服務的同質化現象日益凸顯，企業信譽成為決定顧客購買取向的主要依據。企業賣的是信譽，而不僅是產品。消費者給予企業無任何條件的讚揚，是最可貴和最可靠的市場資源。

越是迷茫，越要做明亮的選擇

離得遠一點，看得會遠一些。

一開始，我迷茫於「30年之後會怎樣」這個問題，然而越是迷茫就越要往遠處看，就越能看清洪流中的未來。我們考慮長遠一些，徹底考慮一下300年後的人類的生活狀態、社會、技術的進化，大約花費了1年聚集國內外的才智來考慮這個問題。

我們認為煩惱、想像、創造是人類的特權，電腦今後也將擁有自學能力，電腦自己設計程式的時代將會到來，今後的世界將像科幻小說一樣，腦構造電腦一定會誕生，能比人類更加敏銳地洞察和發明，搭載這種電腦的機器人會超過人類，不與其共存就沒有未來，我相信人類與優秀的機器人能夠幸福地共存。

孫正義曾經做過一兩天的世界首富，相信很多人都不知道他還曾有過這樣輝煌的時刻。1995～2001年，在歐美及亞洲多個國家的股票市場中，與科技及新興的互聯網相關的企業股價快速上升，在2000年3月10日納斯達克指數到達5132.52的最高點時到達頂峰。受到泡沫膨脹的影響，孫正義一度超過比爾·蓋茲，成為世界首富。

但是，很快他跌回了谷底。

1999—2000年年初，利率被美聯儲提高了6倍，出軌的經濟開始失去了速度。納斯達克此後開始小幅下跌，市場分析師們卻說這僅僅是股市作一下修正而已。高科技股的領頭羊如思科、微軟、戴爾等數十億美元的賣單碰巧同時在3月10號早晨出現。賣出的結果導致納斯達克3月13日一開盤就從5038跌到4879點，整整跌了4個百分點。

3月13日的大規模初始批量賣單的處理引發了拋售的連鎖反應，投資者、基金機構紛紛開始清盤。僅僅6天時間，納斯達克就損失了將近9個百分點，從3月10日的5050掉到了3月15日的4580點。泡沫破裂也與1999年聖誕期間互聯網零售商的不佳業績有關，零售商的業績在3月份上市公司進行年報和季報時被公之於眾。

到了2001年，泡沫全速消退。大多數網路公司在把風投資金燒光後停止了交易，許多甚至還沒有贏利過。蕭條過後，留下了滿地破產的互聯網公司「屍體」，孫正義投資的公司也損失慘重，軟銀股價一度下跌到只有原來的1%，孫正義也是一身負債累累。

經過這樣的慘敗後，眾多互聯網從業者陷入前所未有的迷茫，這還是曾經如日中天的互聯網行業嗎？過了沒多久，大批從業人員紛紛轉戰更為穩妥的實體行業，如製造業、能源行業等。

不過孫正義的動作出乎所有人的預料，即使摔了一跤，他也繼續在互聯網行業內大展拳腳：

2001年9月，軟銀開通寬頻商用服務。

2002年5月，寬頻服務已經突破100萬條線路。

2003年5月，軟銀中國用最短的投資決策時間將分眾傳媒收入囊中，軟銀亞洲以4000萬美元投資盛大。

2004年孫正義入駐中國的PPTV；突破400萬條線路，可以同時提供搜索、目錄、組織、經濟、汽車等多種服務。

到了今天，孫正義在危機時刻推出的寬頻服務已經成了軟銀集團的支柱；而他投資的中國互聯網企業也紛紛上市成功，為他帶來了豐厚的回報。

為什麼在大家迷茫、撤退的時候，孫正義依然能夠堅持在互聯網行業，孫正義說：「從100公里外看，那是毫不動搖的景色，近看就走入了迷局。」他看好互聯網行業，他知道不管當下互聯網如何波動，未來一定是越來越好，所以大膽投資。這就是一個企業家的遠見。

那麼，遠見是什麼呢？美國作家喬治．巴納說：「遠見是心中浮現的將來的事物可能或者應該是什麼樣子的圖畫。」

擁有遠見，就能夠預言未來。缺乏遠見的人會被未來弄得驚惶失措，變化不定會讓他們無所適從，隨處飄蕩。每個人的視野、視角要看得更寬、更遠、更深、更獨特，然後才能抓住這個機會。

1994年，剛剛大學畢業沒多久的王計生首次接觸殯葬行業，那時的他對未來毫無概念，在就業的壓力下進入了這個不討喜的行業。人們對於這個行業的印象相當灰冷，王計生工作的福壽園也只是一家無人問津的殯葬企業。

面對這樣的行業、個人迷局，王計生沒有選擇哀嘆自己生不逢時，而是積極地思考行業的未來。最後他得出結論：喪葬業大有可為。一是因為中國人向來在喪葬上不惜錢，這將為喪葬行業帶來豐厚的回報；二是中國已經進入老齡化社會，與身後事相關的產業必定會火紅；三是發達國家的墓園讓王計生看到了中國墓園未來的模樣。唯一的難題就是改變人們對於喪葬行業的歧視性看法。

1996年，一位上海的攝影師驢友余純順在新疆羅布泊徒步探險時不幸遇難，王計生敏銳地感覺到這將是一次福壽園改變形象的機會。王計生向余純順的親屬表達了想要做一場公益攝影展覽的願望，剛開始余純順的家人都表示反對，他們認為這是一種比較商業化的行為。最後在王計生的勸說下，余純順生前攝影展得以舉行。展覽舉辦得很成功，透過新聞媒體也轟動了上海。展覽結束後，王計生主動把募捐來的30多萬元送到余純順家人手中。

這件事經過報導之後，不少公眾對於殯葬行業，至少對福壽園的看法，有了很大的改變：殯葬企業並不是冷冰冰的，也可以很有愛，很溫暖。余純順的家人也備受感動，主動要求把余純順安葬在福壽園。藉著這股勢頭，福壽園接連打出溫情牌，譬如在墓園的環境上做了很大突破。王計生認為，新時代的墓園要有公園一般美麗的風景。在這種理念的指導下，福壽園在墓園內種植了大量桂花、櫻花、茶花、月季等花種，道路兩旁也種滿了高高的喬灌木。每到清明節前後，墓園中的櫻花就會開放，花瓣隨風飄零，正好契合了前來掃墓者的心情。直到今天，福壽園每年花在墓園景觀維護上的經費大約1000萬元。王計生也要求儘量把墓穴安放在隱蔽的地方，讓陽光、花朵、樹木出現在人們的視野中，營造一種溫馨而又略帶哀傷的環境。

一番整頓後，福壽園的銷售情況開始大幅度上升。除此之外，王計生還發起了「名人集郵」項目，汪道涵、阮玲玉、謝晉、章士釗等一大批名人的墓穴陸陸續續搬進了福壽園。對待這些名人的墓穴，王計生再次顯示了他獨特的眼光，為每一位名人設計最契合生前氣質的墓穴。譬如鄭如萍的墓前雕塑是一座斜著的十字架，橫著的背景上刻畫了當年西伯利亞皮貨店刺殺漢奸丁默村的場景；民國傳媒大亨范長江的墓前則是他在《新華日報》創刊上的題詞：「為中華民族之獨立與自由而呼號。」

與此相對應，福壽園還與上海人文紀念博物館合作，開設長眠於福壽園的名人遺物展覽，包括書畫金石大師吳昌碩的自用刻印、檢察官向哲浚在東京審判時使用的打字機、著名音樂家賀綠汀的第一架鋼琴，等等。

這就是遠見。如今，王計生不僅僅改變了自己的生存狀況，更改變了千百年來中國人對於墓園的排斥。

遠見是一種動態的平衡。要在別人低落的時候看到美好的東西，在人們驕傲的時候看到災難的到來，一定要把握這個平衡的度。

根據過去20年的觀察，所有有成效的領導者都有預見他們必須完成什麼的能力。這種遠見變成支持任何努力的活力，強力推動他們衝破所有難關，不為外力所控制。

2000年，臺灣的筆記型電腦總銷量約為1200萬臺，佔全球比例達51％以上，穩居世界第一的寶座。但是在拉大與第二產出國日本的差距後，危機逐漸顯現，主要的危機之一是數量雖然大幅增加，可是獲利水準直線滑落。

這種情況不只是小廠的問題，連廣達、仁寶等大廠也難以避免。這當然和高科技產業產品生命週期短有關，然而，更重要的是眾廠商降價搶訂單，價格持續下跌，利潤自然也會大幅降低。為了免於陷入長期的惡性競爭，最後難以自拔，眾廠商若不放棄這項產品，也亟思轉型脫困。其中動作最快、最積極的當屬廣達電腦。

廣達電腦以筆記型電腦起家，一向獲利豐厚，曾創下每股獲利28元的紀錄，一度成為股王。然而在激烈的市場競爭下，獲利雖仍居同業之冠，但也縮水不少。董事長林百里於是開始移轉業務的重心。

廣達電腦的轉向是多方面的，除了涉足無線通訊及手機領域之外，也朝液晶桌上型電腦、液晶顯示器及主機板業務發展。在林百里的領導下，廣達電腦上述改變只花了一年多的時間，因此外界無不嘖嘖稱奇，都認為不可思議。

遠見是一位優秀的船長最重要的品質，他要能告訴大家什麼時候風暴到來。怎樣才能撥開眼前的層層迷霧，孫正義的做法是離得遠一點，看得遠一些。

Soft Bank

第四章 無邊界經營：賣的不只是產品

我不在乎我自己是死是活，也不在乎我的公司會發生什麼狀況，不管我的身體、我的生意會怎樣，我把我300%的激情都專注在一個行業中。在我心底我是有這樣的信念的，這就是我的遠見。

逆向思維，站在用戶的角度推銷

這是我的發明，語言翻譯機。

在柏克萊讀書期間，孫正義透過導師的科研力量，研發了一款語言翻譯機，翻譯機可以在日語和英語之間進行雙向轉換。不過，當時的語言翻譯機還只是一個處於實驗室階段的發明，要想讓它成為一款市面上的商品，必須經過實驗室向工業化生產轉化的過程。不過，這個過程需要雄厚的科研力量才能做到，因此孫正義需要找到一家實力驚人的科技企業，買下他們的語言翻譯機。

剛開始時，孫正義信心滿滿，認為自己的「天才產品」一定會被各大企業哄搶。他在心中列出了一系列企業的名單，比如夏普、卡西歐、松下電器、索尼……一共50家。從這份名單不難看出，孫正義對於語言翻譯機的銷路是相當有信心的，他挑選的企業全都是當時業界首屈一指的龍頭企業。

不過現實是殘酷的。孫正義給50家企業發去的產品說明就像石沉大海一樣，沒有得到任何回應。不過好在還有幾家表示有點興趣，孫正義就帶著產品一家一家拜訪。

在拜訪卡西歐的時候，孫正義遭遇了前所未有的諷刺。在此之前，雖然其他企業的技術負責人也會拒絕，但都是「技術不夠完善」之類的託詞。卡西歐是一家實力雄厚的科技企業，在去之前，孫正義就已經有被拒絕的心理準備，但是當他剛開始介紹心愛的翻譯機，卡西歐的技術負責人就輕蔑地稱之為「垃圾」，覺得這樣的翻譯機一文不值。這讓孫正義怒火中燒，因為這個別人口中的「垃圾」可是他心血的結晶。他不明白為什麼一家聲譽頗高的公司，居然會用那樣的態度對待來訪者。

卡西歐不是第一家拒絕孫正義的，更不是最後一家。接下來孫正義繼續採取同樣的策略，向松下電器的技術開發部長前田先生介紹語言翻譯機。據前田回憶，當時的孫正義談吐並不夠成熟，在推銷的時候也不能站在客戶的角度，總是把翻譯機當作寶貝一樣介紹，卻從沒有想過松下為什麼需要這個發明。

失敗是最自然的結果，孫正義再次被松下電器拒絕。雖然孫正義依然不依不饒地打電話過去推銷，但在前田眼裡這種行為只會加深他對孫正義的壞印象，「他就像一個頑固的推銷員一樣，不停地打電話過來。」

接連的打擊讓孫正義有些意志消沉，他開始有點懷疑自己的創意，難道真的是一文不值的垃圾嗎？看到兒子茶不思飯不想，父親孫三憲決定和孫正義談一談。雖然孫三憲不懂得最新的技術，但是他一生經商，大大小小的行業涉足數十個之多，經驗十分豐富。

孫三憲在聽了孫正義的推銷經驗之後，找到了兒子的癥結所在：功利心太強，太想把自己的發明推銷出去。孫三憲認為孫正義太過著急，總是站在自己的角度考慮問題，一心只想把語言翻譯機賣出去換成錢，最後的結局就是沒有買家。孫三憲最後啟發孫正義：應該逆向思維，在推銷時不要想著錢的事情，只是說清楚這個產品非常適合對方。

孫正義聽取了父親的建議，決定換個角度看問題。很快，驗證孫正義「逆向思維」是否成功的時候到了。孫正義即將要去見最重要的潛在買家——夏普公司。孫正義首先想到的問題不是如何將語言翻譯機推銷出去，而是被拒絕了該怎樣表現自己，因為之前的失態表現給對方留下了相當糟糕的感覺。之後孫正義還模擬了夏普可能提出的各種問題，在做好充分準備後，孫正義和父親孫三憲一起，面見了夏普中央研究院院長佐佐木先生。

孫正義抓住了這次機會，佐佐木幾乎當場就決定拿出4000萬日圓購買翻譯機，同時同意簽署一份1億日圓的合約。

佐佐木回憶起當時的情景，依然感覺歷歷在目，因為孫正義給他的印象太過深刻。第一眼見到孫正義時，佐佐木可能沒有想到他年輕到只有19歲，非常青澀。孫正義看起來有一點累，精神並不是特別振奮。

但是當孫正義開始進行產品介紹的時候，佐佐木完全被他吸引了。孫正義這一次介紹語言翻譯機，一邊操作，一邊說明，細緻而全面，他甚至提出應該在哪些地方對產品進行改進，這個產品會給夏普帶來什麼。佐佐木注意到，年輕人臉上的神情變了，眼神充滿了活力，身體裡有某種精神在流動。他能感受到年輕人對產品的情感，對他來說這件東西已經不再是賺錢的工具，也就是說，他並不單純是為了賺錢才來夏普的。

就這樣，夏普購買了孫正義的語言翻譯機。

其實，反思孫正義推銷語言翻譯機的前前後後，之所以會有截然不同的結果，父親孫三憲提及的逆向思維至關重要，否則孫正義依然會像之前一樣死腦筋地推銷產品。一般人的思維方式往往習慣於正面觀察、順向思考，忽視反面求異、逆向探索。顯然，被大家所關注的，必有戒備，很難突破；被大家所忽視的，乘虛而入，易如反掌。但是作為聰明的人要善於把力量指向對方意料不到的地方，即「出其所不趨，趍其所不意」，可望獲勝。要做到這一點，應注意運用以下5種市場思路：

1揭短易長。大凡做商品廣告，都喜歡自誇自己產品的好。然而，如果廣告朝著相反的方向去做，往往會做得獨具一格，不落俗套，引人注目，效果往往也會很好。

2返璞歸真。給產品增添一些附加功能，有助於促銷。當然，這種「歸真」，不等於倒退，而是新的躍進。

3返舊還新。在香港，疲軟了兩年多的燈芯絨市場又開始復甦。之所以會出現這種現象，是因為人們對以往喜愛的東西懷有特殊的情感，並在時間的篩選中逐漸凝練、升溫，一觸即發。當然，這種「返舊」，已在新的條件下被賦予新的內容，堪稱「還新」，以燈芯絨為例，如今流行的是高品質的淨色粗條燈芯絨。

4人棄我取。產品的發展潮流趨向於輕、薄、短、小；與此相反的，視為險路。美國一家錶廠偏向「虎山」行，其推出的一種電子錶，大小相當於兩支男用電子錶，液晶顯示的數字也大，博得人們的歡心，特別是患近視眼和老花眼的顧客，更樂意購買。可以說，取人之棄，獨得其利。

5 反打算盤。琵琶可反彈，算盤也可反打。產品的定價歷來是成本加成本，也就是說，先設計、生產，後定價、銷售。但是，猶太人認為，如果把這個程序倒過來，先對擬訂的產品市場地位和顧客的購買心理進行綜合分析，確定最佳的競銷價格，據此進行設計、生產，這種「模擬市場核算，實行成本否決」的「反打算盤」收到的效果很好。

逆向思維在其他行業同樣有很好的效果。

在北美，能與星巴克共舞的咖啡並不多，綠山咖啡剛剛成立時也不過是美國佛蒙特州的一家咖啡烘焙公司，在行業巨頭的夾縫中艱難生存。2006 年 6 月，綠山咖啡以 1.043 億美元收購了克里格公司。這成了綠山咖啡崛起的起點。克里格的咖啡機及其 K 杯飲品為綠山咖啡帶來了巨大利益，因為這兩種產品擊中了咖啡愛好者們的痛點。

在克里格發明他的咖啡機和 K 杯之前，美國人都如何飲用咖啡呢？花上一段不短的時間稱量咖啡豆，磨豆，然後一次煮上一大壺咖啡，一人分一杯。如果你不喜歡咖啡的口味，那就硬著頭皮喝下吧，因為一次只能煮這一大壺。萬一你獨自一人在家，你還是得煮上一大壺，因為只有這一種規格可選。於是，浪費喝不完的咖啡成了一件令人頭疼的事，更讓人頭疼的是享用完咖啡後清洗咖啡機的工作。

克里格也是一名咖啡愛好者，他針對美國人對咖啡的無奈想了3個問題：

1能不能讓準備咖啡的過程更方便一些？

2有沒有辦法一次只煮一杯，以滿足家庭成員的不同口味需求？

3清潔咖啡機的工作難道不能更輕鬆一些嗎？

針對這些問題，克里格發明了單杯咖啡機和K杯。K杯長得像一個普通的紙杯，裡面裝有一個小的滲透液體的裝置。把K杯放進單杯咖啡機裡，你可以選擇一杯模式，或者半杯模式，然後你要做的就是安靜等待20秒左右，一杯味道醇厚的咖啡就做成了，現喝現飲不會浪費。而且用這種方法製出的咖啡和傳統咖啡機製出的咖啡在味道上並沒有太大差別。K杯為咖啡愛好者們打造了全新的體驗，使用方便，防止浪費，而且不需要清洗。現在K杯推出了大約200種口味，可以滿足不同消費者的需要。

在收購克里格公司之前，綠山咖啡是它的合作商。作為美國本土企業，綠山更瞭解用戶的消費習慣和痛點所在。在收購了克里格公司之後，綠山咖啡的業務分為綠山咖啡和克里格咖啡機及其K杯飲品。克里格咖啡機更是成為2009年北美市場消費主流。K杯的出貨量超過16億。這兩件產品也為綠山咖啡的毛利貢獻了41％的增長點。伴隨著銷售業績的提高，綠山咖啡的股價已經由8美元漲到26.67美元，成為挑戰業界大老星巴克的力量。

逆向創機就是反傳統，要注意與傳統的思維方式、經營方式相反而行。企業管理者需要注意的是，任何傳統都有其內在矛盾運動及其必然的發展趨勢，順勢而「反」，方可求勝。生活中充滿著相反相成的情趣，並滲透於市場競爭的一切活動中。反變術實乃反順術，反中有順，反順相輔。然而，逆向創機之「反」不是任意的，要從當地、當時的實際情況出發，審時度勢，宜「反」則「反」，不可強求。

覓尋「尊貴」的朋友抬轎

只要是合理的虧，要大膽地吃。如果能搭上龍頭企業的順風快車，就算什麼都不做也會一路順風。

在商界一直流傳著一個經典的故事。

一個農民打算給自己的兒子介紹女朋友，但是兒子並不領情。農民對他的兒子說：「我給你介紹的女孩可是比爾．蓋茲的女兒！」兒子聽了之後覺得不錯，欣然答應。接下來農民找到了比爾．蓋茲，並對蓋茲說：「我兒子想娶你的女兒。」蓋茲聽了很生氣，但是為了保持風度，還是和氣地說：「我女兒還小呢。」農民說：「我兒子可是世界銀行的副總裁呢！」蓋茲聽了，覺得這個年輕人有前途，就答應了下來。農民又跑到世界銀行總部，找到銀行總裁說：「你們這裡還要副總裁嗎？我兒子來行不行？」總裁當然一口回絕了。農民接著道：「我兒子可是比爾．蓋茲的女婿呢！」總裁聽了之後眼睛一亮，最終答應了下來。最後，這位農民的兒子不僅娶了比爾．蓋茲的女兒，還當上了世界銀行副總裁。

當然，故事總歸是故事，但是其中蘊含著一個深刻的道理，那就是學會借勢。

談到借勢，孫正義從一無所有的窮光蛋到今天站在日本之巔，毫無背景、資源的他，無疑是個借他人勢力的好手。

2007年，對於手機而言，無疑是最重要的一年。這一年元旦後的一個星期，蘋果公司創始人、CEO史蒂夫·賈伯斯發佈了一款前所未有的智能手機——iPhone。2008年7月11日，iPhone3G面世。新一代iPhone並沒有在內部結構上做很大的改動，而是增加了一些支援3G網路的模組。這刺激了孫正義的神經，他敏銳地感覺到這款手機將會引爆市場。3G網路在日本普及後，滲透率達到30%，手機接入互聯網將是未來發展的趨勢，孫正義將自己實現目標的希望放在了智慧手機上網業務上。

孫正義決定主動上門和賈伯斯談一談。

談判進行得很順利，雖然孫正義付出了很大的代價，但是他依然從眾多競爭者中搶到了iPhone在日本的獨家代理權。

賈伯斯回憶起當時的場景說：「正義，你瘋了嗎？我們都還沒和任何人談iPhone呢，不過你很有眼光，你是第一個來找我的。這個產品是你的了。」

孫正義付出的代價就是將iPhone的絕大多數營收分配給蘋果，自己只留下極少的一點，甚至可以說只留下了部分彌補營運成本的錢。為什麼一向精明的孫正義會吃這麼大的虧？

用孫正義自己的話說：「只要是合理的虧，要大膽地吃。」

孫正義口中的「合理的虧」，意指他引進iPhone並不是為了純粹賺錢，其實為了搭上蘋果這趟快車，改變自身的形象。蘋果在賈伯斯的帶領下，在世界範圍內擁有大量的「果粉」，在日本也有著相當大的影響力，「高端」「科技感」「設計感」「酷炫」等都是人們提到蘋果時，腦海中會蹦出來的詞彙，而這些恰恰是當時的軟銀最需要的。

軟銀自創辦以來，受資源、背景的限制，孫正義多次以「低價」的策略打贏許多爭奪戰。但是凡事有利必有弊，由於長期依靠價格戰「行走江湖」，軟銀給日本民眾留下了「低廉」的印象，一度軟銀就是「低價貨」的代名詞。尤其在收購日本第三大移動營運商——沃達豐日本後，這種壞印象達到頂峰，沃達豐日本雖然是第三大移動營運商，但是相比NTT和KDDI，都顯得有些低端。

這是孫正義不想看到的結果，因為他的理想不僅僅是成立一家「販賣廉價貨物」的公司，而是要成為全日本第一的高科技公司。為軟銀正名，為自己正名，引進 iPhone 是絕佳的機會。

其實，借勢不僅僅是孫正義的獨門法寶，全世界的企業家都明白借勢的重要性。

以摩托車為例，同樣是摩托車，為什麼哈雷摩托車可以賣出高檔汽車的價錢？若論機車性能，傳統工藝下的哈雷實在不是什麼高性能摩托，高昂的價格也讓人望而卻步，稍微懂得機車的人，都會在心中數出不少同價位但是性能勝過哈雷的摩托車品牌，但是不僅在中國，在美國和日本，哈雷同樣是年輕人的首選，佔據了高端機車的一半份額以上。

其實高價的背後就是「自由」「奔放」的「哈雷精神」。為什麼一款摩托車會被賦予這樣的精神內涵？其實是哈雷懂得借勢。它在不斷進化的過程中，逐漸賦予了自己自由和反抗的精神標籤。藉著一次大戰和二次大戰，哈雷摩托成為了美國軍方和警方的摩托供應商，此時的哈雷也僅僅是高品質的摩托車而已，並沒有更多的內涵。二次大戰結束之後，由於大量退伍老兵的懷舊、傷感、消極情懷，哈雷開始被眾多軍人和年輕人賦予不羈、抗爭的標籤。年輕人反抗現實，反思戰爭，聚集轟街的哈雷摩托成了他們的夥伴，最後成為一種生活方式的代名詞。

與此同時，哈雷摩托開始借力於電影和搖滾樂，當馬龍・白蘭度、布魯斯・威利斯等大批風靡全球的好萊塢硬漢騎著哈雷，在夕陽下伴著轟鳴的聲浪，一身酷裝地出現在眾多影迷面前的時候，年輕人如何能抵抗哈雷的魅力？

結果自然是「繳械投降」。此外，20世紀六七0年代，搖滾樂在迎來自己黃金10年的同時，搖滾樂手也為哈雷機車增添了反抗的精神內涵。

就這樣，在退伍軍人、電影、音樂等元素的作用下，哈雷摩托從此不再是一輛簡簡單單的摩托車，它代表了一種精神，一種文化，一種生活方式。如果說那些時光離現在已遠，那麼哈雷文化的盛行不衰歸功於哈雷公司的維護有方。

據相關報導，美國企業在借勢行銷上的總花費年增長率高過15%。在企業增加借勢行銷資金投入的同時，企業CEO、CFO等高層管理人員也越來越重視借勢行銷。其中，被調查的高層決策人員中，39%的人很認同借勢行銷這種手段。

iPhone成為軟銀打擊對手的最有力武器，幫助孫正義掃蕩了對方的營運商代收業務。軟銀也成為日本第一家在資料收入上超過語音服務收入的移動營運商。

日本通信業三足鼎立的格局就此形成，日本傳統的功能手機一統天下的時代就此結束。緊接著，孫正義透過兩次免費行銷：免費語音通話服務和免費 Wi-Fi 熱點顛覆了傳統移動營運商的暴利生態，使得封閉的移動互聯網系統一夜崩盤。

鯉魚抱談判法：進入對方的頻道

你知道捕鯉魚的政雄嗎？我的談判老師是捕鯉魚的上村政雄。
談判前必須做足準備，站在對方的角度想問題。

經營離不開談判，在經營軟銀的幾十年裡，孫正義經歷了一場場驚心動魄的談判。孫正義的談判能力了得，否則他也不會在大學時就說服教授，跟著自己一起「瘋」。後來，軟銀能在日本穩住腳跟也歸功於孫正義的談判能力。

孫正義曾向軟銀員工闡述自己的談判技巧，他眼中的談判過程從來都不是雙方互相博弈，以求戰勝對方的過程，而是展示自身價值，吸引對方認同的一個過程。為了達到「不戰而屈人之兵」的目的，談判前必須做足功課，對對方有充分的瞭解。

孫正義自己的談判老師是一位捕魚達人：「我的談判技巧全部來自捕鯉手真麻氏。」「真麻氏」，熟悉日本文學的人一定不會對這個人感到陌生。他時常出現在各類文學作品中，曾獲得著名文學獎芥川獎的文學家火野葦平、開高健等人，都曾以真麻氏作為人物原型，創作了一篇篇散文、小說。「捕鯉手真麻氏」在1999年的時候去世，他的後人繼承了手藝，現在還在久留米市經營著一家叫作「鯉之巢本店」的河魚飯店。

孫正義口中的真麻氏當然不是文學作品裡的形象，而是真麻氏的原型，現實中的捕魚能手——上村政雄。上村政雄生活在福岡縣久留米市一個名叫田主丸町的小鎮上，這個地方離孫正義的老家不遠，因此對於上村政雄的傳奇經歷，孫正義從小就有耳聞。

上村政雄一生捕魚，他之所以那麼出名，是因為他獨特的捕魚手法——「鯉魚抱」。這是上村政雄獨創的冬季捕魚方法。冬天，上村捕魚的築後川河水異常冰冷，而且由於河水太深，居民們在冬天很難捕到魚。後來上村發現鯉魚在冬天會聚集在河床附近，因為那裡的水溫較高，這給了他啟示，發明了「鯉魚抱」。

「鯉魚抱」的具體做法是，在進行「鯉魚抱」前幾天，上村政雄就開始食用肉類、黃油之類的高熱量食物，調整身體狀態。等到「鯉魚抱」當天，他會在築後川邊架起篝火烤火，一直到全身大汗淋漓為止。

一段時間後，上村政雄潛入築後川中，直接潛到河底，靜靜地躺在那裡，等待鯉魚上鉤，而魚餌就是他的身體。據說上村政雄在水中憋氣的功夫十分了得，可以幾分鐘不出水面，這給了他在水底足夠的捕魚時間。

在憋氣的幾分鐘裡，鯉魚會自發地聚集在他的身邊，因為人體的溫度比較高，鯉魚能夠感知得到。就在鯉魚安心取暖的時候，上村政雄會猛地用雙臂抱住身邊的鯉魚，然後跳出水面。上村政雄經常是雙臂抱著魚、嘴巴叼著魚出水，一天能捕上百條鯉魚，他甚至還用這種方法，抱出過一條接近一公尺的鯉魚。小鎮上的漁民們紛紛向他請教，果然冬季在築後川捕魚時，「鯉魚抱」是百試不爽的良方。上村政雄和他的「鯉魚抱」逐漸流傳開來，從日本各地趕來的人聚在築後川附近觀看這一神奇的捕魚法，多的時候有上百人觀看。

一般人只是將「真麻氏」的「鯉魚抱」當作冬季捕魚的妙計，孫正義卻將這一法門用到了談判中。他在一生大大小小的談判中，常在事前做足準備功課，不採用正面對抗的方法，而是提供對方認同的「溫暖」，在對方逐漸失去戒心時，一舉「抱住」對方，大獲全勝。

其實，孫正義口中的「給對方溫暖，待對方懈怠時一把抱住」的談判溝通方法，就是「進入別人的頻道」，讓別人喜歡你，從而獲得信任，表達的意見也易被對方採納。如何進入對方的頻道？人與人面對面溝通時的三大要素是文字、聲音及肢體語言。一般人常強調談話的內容，卻忽略了聲音和肢體語言的重要性。

其實，溝通要進入別人的頻道，除了使用對方的語言，還要使你的聲音和肢體語言與對方的習慣保持一致。我們這裡介紹一下五步溝通法：

第一步：情緒同步，表情同步。如果對方很嚴肅，你也應跟著嚴肅；對方表情很放鬆，你也應表現得很輕鬆；對方開懷大笑，那你也沒必要拘謹，完全跟對方同步，對方就會莫名其妙地覺得你很可親，合得來。

第二步：語調語速同步。如果對方講話速度很快，你也應提高語速；對方講話速度非常慢，你也應不急不躁；對方聲調很高，你也可相應提高聲調；對方講話聲音很輕，你也應非常輕。

總之，與對方越接近越好。

第三步：肢體動作同步。模擬對方所有的習慣動作，比方說對方經常撥撥頭髮，你也可以做類似的動作。但是需要切記的是，千萬不要和對方同時進行。任何人都希望別人模仿自己的動作，你的模仿應該在不知不覺之中。

第四步：習慣用語同步。每個人講話時都有一些口頭禪。這時候你要注意把對方的口頭禪融入你的語言中，這樣會使對方聽起來很親切，有熟悉感。

第五步：價值觀同步。研究表明，人與人之間的衝突，95％來源於價值觀的衝突。假如你要真正地、全方位地進入對方的頻道、進入對方的心靈，就必須認同對方的價值觀，這樣才能實現深層次的溝通。

所以，有的時候人與人交流時會說「我和他不在一個頻道，沒法交流」，最好的方法就是調頻，從對方的需求出發，自然能夠讓對方在不知不覺中被「抱住」。

借助免費的力量

免費，是吸引顧客上門的利器。

很多投資人都在關注著「孫大聖」的投資意向。事實上，孫正義在早年間就展露了自己的商業天分，12歲時出手拯救了父親孫三憲的街角咖啡店。

當時，孫三憲為了養活一大家子，不得不到處賺錢，什麼能賺錢的行當都有所涉足，這家咖啡店就是其中的一次嘗試。不過，限於啟動資金不足，咖啡店的位址選在了十分偏僻的街區，一天下來只能賣出寥寥數十杯而已，生意十分慘澹。儘管如此，這家咖啡店依然是孫家的命脈，由不得孫三憲丟下不幹。

正在孫三憲愁眉苦臉的時候，年僅12歲的孫正義給他出了一個主意：派發免費咖啡券。孫三憲聽到兒子的建議後，完全把他的話當成了孩子的童言無忌。因為在孫三憲看來，孫正義的提議完全是胡鬧，原本已經是在虧本的邊緣徘徊，哪裡還有多餘的成本用在免費吸引顧客上，這樣做只會加速咖啡店的倒閉。毫無疑問，孫正義的提議被父親否決了。

不過，孫正義並不放棄，堅持向父親說明這樣做的好處，並保證一定會吸引大量顧客前來。

也許是出於對兒子的信任，也許是咖啡店長期不景氣，「死馬當作活馬醫」的心理作祟，最後孫三憲同意了孫正義的提議。

得到父親的首肯後，孫正義近乎揮霍地印刷了1000張免費咖啡券，一個人跑到幾條街外的電車車站散發咖啡券。與孫正義預想的一致，人們非常滿意免費得來的咖啡券，幾乎在哄搶中派發掉了免費咖啡券。幾天後，大量顧客持著免費咖啡券前來咖啡店兌換咖啡。而在此時，孫正義請來了咖啡原料廠的負責人。那位負責人看著眼前人山人海的場景，簡直傻眼了。

很快，孫正義的1000張免費咖啡券換來了回報，附近街區的人都知道在這個偏僻的角落有一家不錯的咖啡店，大家都願意在等電車時走過來買上一杯濃濃的熱咖啡；而咖啡原料廠商開始關注這位「大主顧」，開出了極為有利的付款條件，而且送貨上門。

在此之後，孫家的街角咖啡店生意越來越好，極大地緩解了家中的經濟窘迫狀況。如今，免費是人們最常用的一種促銷手段，看起來這一招真是用腳趾頭都能想得到的點子，在45年前可是新鮮得很，尤其還是在孫家所在的「城鄉結合部」。

很多人都知道免費吸引顧客，但很少知道背後的心理作用機制。那麼免費為什麼可以吸引目光？

美國麻省理工學院的一位行為經濟學家做了這樣一個實驗。他出售兩種巧克力，分別是品質極佳的瑞士蓮松露巧克力和品質一般的巧克力。二者的價錢是：品質好的巧克力定價是15美分，一般的則是1美分。結果顯示，消費者顯得很理性，選擇一般巧克力的人數比例只有27%。

品質是不是真的可以決定一切？第二個實驗給出了答案。在第二個實驗中，經濟學家將上好的瑞士蓮松露巧克力的價格下調到14美分，一般巧克力的價格定為「免費」。在差價不變的情況下，有69％的人無法抵禦一般品質巧克力的免費誘惑。

選擇免費的原因在於人性中趨利避害的一面。

從根本上說，免費不過是改變了企業利潤在價值鏈上的環節，免費的真正規則在於「交叉補貼」，即免費+收費。也就是說，你要先考慮如何用免費的東西獲得關注度，將自己的產品傳播出去，然後再想辦法從價值鏈的其他環節上獲得利潤，否則作為商人你無法在自己經營的項目中賺錢那又有什麼意義呢？

比如，美國消費者在享受ZPPOS鞋業的免費服務時也許會產生這樣的情況：公司為顧客免費郵寄鞋子，一次最多可以郵寄5雙，顧客可以在家裡試穿，將其中最滿意的一雙買下，剩下的郵寄回公司，當然這部分郵費同樣由ZPPOS公司承擔。如果購客買下了所有鞋子，那麼一切問題都解決了。如果消費者不滿意，那麼他們就會覺得有一些無形的成本產生，比如時間成本：「萬一試不好還得退回，這相當於浪費了時間，郵寄又麻煩，還是算了。」在這種心態的引導下，即使全程不用消費者掏一分錢，他們也不樂意再買了。

現在，有幾種比較常見的免費+收費的策略，比如：

產品免費送，服務上賺錢；

贈送免費服務，產品上贏利；

送軟體，賣硬體；
送硬體，賣軟體；
買一送一；
直接免費贈送；
免費停車；
免費調味品；
免費試用；
免收快遞費；
兒童免費，成人收費；
註冊免費，使用收費；
免費使用科學文獻，向作者收取出版公費；
免費贈送信用卡，向生意人收取交易費；
贈送內容，出售客戶資訊；
免費提供簡歷，向招聘單位收費；
女士免費，男士收費；
贈送內容，出售物品；
贈送房屋清單，出售抵押貸款；

贈送內容，將使用者推薦給零售商賺錢；
贈送基本資訊，出售更豐富的資訊；
贈送低品質MP3，出售高品質光碟；
免費玩遊戲，向希望在遊戲中享受更多服務的使用者收費；
對經常逛商場的用戶收取較低費用，這部分補貼來自不經常逛商場的用戶；
贈送廣告支援的業務，出售去除廣告的能力；
贈送試讀片段，出售書籍；
贈送網路內容，出售印刷實體內容；
贈送普通管理建議，出售訂製的管理建議；
贈送電腦和電腦通話，出售電腦和手機通話；
贈送免費照片分享業務，收取額外存儲空間使用費；
……

第二種免費的模式也很常見，即協力廠商付費。原宿「Sample Lab」就是一個典型的協力廠商付費模式。事實上店主賣的並不是店裡的商品，而是將他吸引來的顧客「關注度」賣給商品的供應商。此外常見的付費「協力廠商」還有免費視頻網站或者電視上的廣告主，招聘網站給求職者提供免費的求職平臺，而向用人單位收費也屬於此類。

第三種免費模式稱為「直接補貼」。安德森在他的《免費》一書中為我們列舉了許多採取這種模式的商家，比如最直接的就是超市的「買一送一」活動，還有亞馬遜的「免運費」服務：只要你購買超過25美元的商品，就可以享受免費配送服務。想想看我們有多少次為了「湊單」額外購買了本不在計畫裡的東西。當然最有名的直接補貼就是吉列刮鬍刀的「刀片+刀架」模式。吉列用廉價的刀架招徠顧客，目的是讓大家不斷地購買需要更換的刀片。

當然，年少的孫正義不可能懂得如此多免費理論，而他能想出派發免費咖啡券的想法完全源於他幾乎本能的商業天分。到了今天，孫正義早已熟練掌握免費的各種運用法門，而軟銀也成了日本最會運用免費或者低價策略的企業。

只賣自己認可的產品

自己騙不了自己，最難說服的人其實是自己。

自己都（覺得產品）不過關，怎麼能給用戶呢？

我們來看一下對於中國的消費者來講，他們最喜歡買哪個國家產品，這裡有一項調查，調查結果可以看出日本的產品是最受中國消費者歡迎的，第二位是韓國產品，第三位是美國產品。這次透過我們這樣一個合作，我們透過雅虎這個平臺可以直接購買日本產品，這就是一個非常大的好處。再說到日本消費者最喜歡購買中國什麼樣的產品，有這樣的調查結果，有高級質地的圍巾、披肩等，還有絲綢產品，這些產品是日本消費者最喜歡買的。另外日本消費者還喜歡購買一些智慧手機、視頻設備的外飾品等。

我自己在前幾天也買了一罐22年的烏龍茶，這樣一個東西在日本來講非常昂貴，如果我們能夠在這上面購買的話，價格會低一些，還有比較高級的中國特色商品，這是我們調查當中看出日本消費者最喜歡購買中國產品的情況，以後大家可以直接從中國來進行購買了。

孫正義常說這樣一句話：「自己騙不了自己，最難說服的人其實是自己。」其實這句話的背後體現的是孫正義對於軟銀產品的極致已到達苛刻的要求。當然，孫正義口中的產品不僅僅是手機等看得見、摸得著的電子產品，就連跟合作夥伴談判的方案也是產品。

在軟銀，孫正義要與其他公司洽談合作時，會事先在軟銀內部進行一次會議，與會者不僅僅是軟銀的管理層，還有企業外的法律、金融專業人士，大家一起商討出最佳方案。

孫正義口中的「最佳方案」，可不是只對軟銀有利的單角度方案，而是能夠讓雙方共贏的方案。孫正義認為，只考慮自己利益的方案就是「不合格的產品」，即使拿出去跟對方談，最後也不可能達成一致，這是可以預見的結果。所以不管是什麼，只要跟軟銀相關的，都要「用心」考量。

孫正義對於電子產品也有同樣的要求。不管是手機、耳機還是其他產品，孫正義都是軟銀No.1試用員，只有經過他首肯的產品，才可能出現在軟銀的店內。

軟銀的員工也對產品有很高的要求，譬如軟銀3C產品店內的所有員工能夠做到對店內商品瞭若指掌，不管是技術細節還是操作小訣竅，都摸得清清楚楚。目的只有一個，那就是對產品用心，只有員工自己熟識了，才能對進店的顧客自信地講解。

其實，不管任何企業，要想打造高品質的產品，不僅管理者自己掌握產品品質把關，還得把這種理念滲透到公司的每個員工、每個角落，讓注重產品品質成為所有員工的共識。

每個員工都是企業的一分子，真正認同企業品質觀的員工才能把產品的品質放在工作的重要位置。他們明白，工作中的小疏忽到了客戶那裡就會變成大問題和大麻煩，為企業帶來無法挽回的損失。

作為企業管理者，要讓全體員工形成「零缺陷」的意識。每個人在每個生產細節都精心操作，秉持「高標準、精細化、零缺陷」的理念，最終就能為企業、為自己贏得良好的口碑，創造更大的業績。

在雷神公司的新導彈工廠裡，一枚導彈正在緊張生產過程中。這時，一枚螺絲剛剛擰完，生產系統卻意外中止了。這是怎麼回事呢？

原來，這聲警報是一個錯誤提醒。這個錯誤警報系統很先進，是基於大資料分析的。在這樣的精密武器製造過程中，任何一個環節的缺陷和錯誤都可能造成非常嚴重的後果，即便沒有發生事故，單是返工、維修和更換都要花費不少時間和金錢。

雷神導彈系統高管蘭迪．史蒂文生表示，如果大資料分析的結果表明，某一顆螺絲需要擰13圈才能上緊，而在導彈生產過程中只擰了12圈，那麼錯誤警報就會發出，導彈或配件的製造就將被中止，確保不會有帶著缺陷和錯誤的導彈被生產出來。

在生產過程中，認同企業品質觀，實現產品品質零缺陷，必須堅持「三不」原則，即「不製造不良品、不流出不良品、不接受不良品」。

1不製造不良品。這是每個現場生產人員首先必須保證的，不生產不良品，才能使不流出和不接受不良品變成可能。

2不流出不良品。作為操作者，一旦發現不良品，必須及時將不良品在本工序截下，並且在本工序內制定處置和防止再發生的對策。

3不接受不良品。後一道工序人員一旦發現不良品，應立即在本工序實施之前停止，並通知上一道工序人員。上一道工序人員必須立即停止生產，並追查原因，採取對策，控制流出的不良品。

使用者都是喜歡高品質產品的，沒有人會對劣質品念念不忘，但他們的判斷標準也不一定都是對的。

如果使用者不能明白產品好壞，企業這時候就需要充當一個工具或管道，向使用者清楚地提供其產品。在使用者不明白自己的情況下仍然遵從「使用者永遠是對的」這一原則，往往會失去產品的法則，且不知道為什麼失去。必要的時候完全可以站出來告訴用戶「你是錯的」，然後拿出足夠的證據和誠意，打動用戶。企業想向使用者精準地提供最好的產品，最重要的一點就是讀懂用戶的心，瞭解用戶的真實需求，因為用戶只知道「要高品質的產品，但不明白到底哪個是好的」，你要做的是站在他們的角度，推銷你自己都完全認可的產品。

事實上，這種事有時候看起來好像是得罪用戶的事，是吃力不討好的事情，但是研究調查告訴我們，總有一天用戶會明白誰才是真正提供好產品的人。

美國蓋洛普商業調查公司曾做過一項民意測驗，題目是：「你願意為品質額外支付多少錢？」其結果甚至使那些委託進行調查的人都感到吃驚，「大多數使用者只要對產品品質滿意，就願意多花錢」，較高的品質直接帶來了顧客的忠誠度，同時也支撐了較高的價格和較低的成本，並能減少顧客的流失和吸引到更多的新顧客。

這就是市場對於企業「堅持只賣自己認可的好產品」的強力回饋訊息。

企業必須對自己提供的產品和服務「用心」。否則即使自己賺再多的錢，如果製造的產品跟服務是對社會有害的，這種企業的唯一結局就是消亡。

有節制地擴張，不把虛胖當成長

不要在小規模的市場競爭裡鬥爭，要努力擴大規模，規模大就意味著進入的門檻高，敵手就更少。

一個國王遠行前，交給3個僕人每人一錠銀子，吩咐道：「你們去做生意，等我回來時，再來見我。」國王回來時，第一個僕人說：「主人，你交給我的一錠銀子，我已賺了10錠。」於是，國王獎勵他10座城邑。第二個僕人報告：「主人，你給我的一錠銀子，我已賺了5錠。」於是，國王獎勵他5座城邑。第三個僕人報告說：「主人，你給我的一錠銀子，我一直包在手巾裡，怕丟失，一直沒有拿出來。」於是，國王命令將第三個僕人的1錠銀子賞給第一個僕人，說：「凡是少的，就連他所有的，也要奪過來。凡是多的，還要給他，叫他多多益善。」這種窮者越窮，富者越富的現象被稱為「馬太效應」。當今社會中這種現象也是普遍存在的，即贏家通吃。

在軟銀的經營中，孫正義明白馬太效應的優勢，所以他才會如此熱衷於在全球投資大量企業，讓軟銀旗下擁有上千家企業。即使軟銀已經擴展到名副其實的商業帝國地步，孫正義還沒有收手的意思。他在軟銀願景發佈會上說：「未來30年軟銀投資的公司將會增長到5000家。」足見孫正義對於「擴大規模」的迷戀。

這樣做的背後，也有不得不這樣做的心酸。

在互聯網業界，規模決定著一切。行業巨頭能夠「吃肉喝湯」，躺著賺錢，後面的跟隨者連聞個「肉味」都難。就連政府監管都是，俄羅斯政府對於流覽量在3000次以下的博客作者連看一眼的心思都沒有。可見大規模在互聯網行業內的重要性。

不管是幾萬人的巨無霸企業，還是兩口子的「夫妻檔」，都有自己的生存之道，但是隨著科技的進步，受馬太效應的影響，規模小的企業的確容易被大風浪拍倒。很多時候擴大規模也是生存的辦法，讓自己成為別人依附的「大腿」。

所以，孫正義曾在推特上、軟銀會議上分享過眾多他對於規模的理解：

一個沒有規模發展前景的產業是沒有進軍必要的；

規模發展也有風險，這種風險應該透過市場競爭來規避；

先保證企業贏利，然後再談規模，不能以利潤為代價盲目擴大規模。

一定的生產規模是企業效益的前提，小作坊式的生產模式不適合現代製造業；

強調規模的重要不代表「規模越大，成本越低」，這種極端的想法也是錯誤的。

那麼，企業到底該怎樣擴大規模呢？

一般來說，企業在成長和擴張的過程中多會採取以下3種常見戰略：內部擴張、外部併購以及和其他企業建立發展同盟。以軟銀擴張新能源發電站為例：

1在剛剛進軍的新能源領域，孫正義並不熱衷於併購擴張的模式，而是更中意直接在各地買地建廠。這種選擇有新能源行業的特殊性，小發電廠設備落後、工人專業素質訓練不足，而大發電站又多半是日本國有的，不可能輕易被併購，所以孫正義選擇自己建廠，看似成本巨大，從長遠發展來說卻是和其他大企業一爭高低的必由之路。另外，由於新能源產業的特殊性，其選址極為重要，而在全國各地提前選擇好高品質的位址，讓孫正義佔了先發之機。

2軟銀實行「有責任的擴張戰略」，不把經營風險帶給建廠地。很多跨國企業喜歡到落後的國家投資建廠，看中的就是當地的廉價勞動力以及相對本國較弱的監管力度。而軟銀從一開始就希望和建廠地一起發展，這是孫正義的「謀福情結」。所以，亞洲不少地方都受益於軟銀「一流技術、一流產品、一流人員、充足資金支持」的建廠原則。近幾年，孫正義同時著眼區域性產業對經濟的拉抬作用，開始將投資的發電站周邊居民吸收到發電站工作，帶動當地居民就業。

3「穩而不慢」的擴張節奏。產量和成本、利潤之間存在著微妙動態關係，所以孫正義並不盲目追求擴張的速度和企業的生產規模。他更多地採用的是「先造勢，後取利」的圍棋博弈戰略思路。規模到了一定水準，勢起來了，利自然也就跟著來了。同時，既然造勢的目的是為了取利，造勢的快慢自然也要根據取利的多少進行動態調整。用孫正義的話來說：「企業擴張不是撞大運，撞到哪算哪。我們走的每一步，都是為下一步服務的。」

任何事情都有兩面性。追求規模不等同於簡單的數量累加。如果只是數量上的增加，整體的生產力卻沒有得到提高，這就是水腫虛胖。

企業最危險的錯誤就是把發胖誤認為是成長。一個企業如果不把不能做出貢獻的活動拋開，那它將會遇到麻煩：那種活動只會消耗力量，損害成長的真正潛力。真正的成長必須在經濟成就和經濟成果方面有所增加。

老闆廚房電器在經歷了近30年的市場磨練後，老闆吸油煙機市場已連續11年市場佔有率穩居全國第一；老闆瓦斯爐連續6年榮列全國市場同類產品銷售前三名；老闆廚房電器自2000年以來一直保持領先同業的高增長率，已成為中國廚電行業綜合實力強勢的廚房電器品牌，並已連續5年列居「中國500最具價值品牌」，連續4年榮登「亞洲品牌500強」榜單，名列中國廚房電器行業第一位。

和絕大多數的企業家不同，老闆廚房電器董事長任建華是一個不折不扣的改革派，他引進風險投資和期權制度，並堅決主張企業上市。任建華認為，公司上市的目的：第一是把核心員工留住，即使只做小股東，感覺也是不一樣的。第二，上市後，消費者的信任度也會提高，公司上市本身就是一個廣告。股民買我們的股票，也會買我們的產品。第三，資金充裕了，我們會更有實力擴大原有的規模，同時對企業的財務制度也是一種監督。

以前，總是有人呼籲要把企業做大做強。但是任建華說：「中國大部分企業都還停留在提供產品的階段，每一天都有企業倒下去，也不斷有新企業註冊。最終我們要做長壽企業，做大並不是我們的目標。我們的目標是做行業第一的和長壽的企業，而不是虛胖的企業。」

正是源於對企業成長如此清醒的認知，2008年上半年，受美國金融危機的影響，在整體廚房行業中市場需求沒有顯著增加的情況下，老闆廚房電器的業務規模得到了持續增長，保持業界第一。

軟銀的大不是透過沒有節制的投資，把產值做得多大，關鍵是軟銀在業界的地位足夠高。企業開發相關的延伸產品是可以的，但跨行業發展，把適合一種產品的名字硬安到其他產品上去，消費者肯定是不認帳的。這樣的做法導致品牌倒掉、企業垮掉的例子太多。真正強大的規模是大而不虛，實而有力，是產品的競爭力。

誰能決定公司的走向？很顯然，企業的管理層有著很大的影響力。為了保證公司的「純粹性」，在馬雲看來，好的管理者甚至不是在尋找機會，而是要學會放棄機會，保持方向的單一性。「CEO的主要任務不是尋找機會，而是對機會說NO。」馬雲如是說。始終如一，最後成功的商海戰例比比皆是，而沒有認識到這一點，導致失敗的人也不在少數。巨人投資董事長史玉柱就曾經飽嘗這種痛苦，後來他也以自己的親身經驗闡述：「我覺得最大的挑戰不在於能不能發現機遇和把握機遇，而是懂得自己該做什麼，不該做什麼。」

史玉柱將盲目追求多元化寫入他的《四大失誤》裡：巨人集團涉足電腦業、房地產業、保健品業等，行業跨度太大，新進入的領域並非優勢所在，卻急於擴張，有限的資金被牢牢套死，巨人大廈導致的財務危機幾乎拖垮了整個公司。巨人的主業——電腦業的技術創新一度停滯，卻把精力和資金大量投入自己不熟悉的領域，缺乏科學的市場調查，好大喜功，沒有形成多元化管理的能力。

過於看重利益而忽視長遠發展的企業，往往會選擇多元化的發展戰略。然而，企業盲目的多元化很容易將企業帶入失敗的深淵。多元化雖然能夠在一定程度分散風險，帶來很多「利」，但會讓管理者失去目標和方向感，分散企業的競爭力。尤其近年來，隨著經濟社會的規範，各行業進入白熱化的競爭，企業管理層面臨著巨大考驗。激烈的競爭下，只有專業化的企業才能脫穎而出。「專業化」就意味著管理者知道自己該專注什麼，而不是什麼都胡亂嘗試一番。專業化不僅對中國企業適用，全球行業的發展趨勢也必然走向專業化。

任何一個企業都和個人一樣，精力是有限的，會受到財力和物力的限制，而市場中的機會又是無窮多。市場競爭總是很激烈，不能因為看到別人在做，出現了一時的利益就讓企業隨波逐流，這樣註定會遭遇失敗。

每一個有長足眼光的管理者都懂得「無見小利」的智慧。只有拒絕貪圖小利的浮躁，才能夠集中企業力量，發揮出企業的核心競爭力，以長遠發展目標為指引，帶領企業獲得長足的發展。

建立平臺，自己搭建行業標準

從雅虎日本開始以來，以及我們對阿里巴巴進行投資以後，以及和阿里巴巴合作以來，我們展開了非常多的、各種各樣的活動。也就是說從今天來講，可以說雅虎日本購物平臺和中國淘寶網這樣一個購物平臺應該正式開始緊密合作，從真正意義上這兩個集團之間應真正發揮強強合作的效應。之所以等到今天才合作，就是在等待軟銀和阿里巴巴長大，平臺的優勢在於累積。

孫正義選擇做當時並不是最火的創業領域，當然他並不是「靈光乍現」，而是有堅實的理論依據，即受到摩爾定律的影響。

摩爾定律由美國半導體生產商英特爾創始人戈登·摩爾創立，他在這個定律中指出：價格保持不變時，積體電路是可容納的電晶體數，每隔18～24個月就會增加一倍，性能同時也將增強一倍。

例如，同樣一款電腦，18～24個月之後，它的尺寸就會變小一半，而且性能也將更優秀。

以2010年的電腦電晶體數為基數，按照摩爾定律進行遞增，2018年微處理器的電晶體數量將超過人類神經元突觸的數量——300億個，發展到比人腦更高的水準。所以，如果將目光放在遙遠的200年後，甚至300年後，屆時電腦將會大大地超越人腦，成為地球上「最具智慧的物體」。

簡單來說，根據摩爾定律，可以預見到電腦領域的核心技術將是日新月異的更迭速度，這與孫正義的「找到為之奮鬥一生的事業」的目標相悖，因為如果只是堅持某一個技術方向，你不知道未來的方向在哪裡，就像曾經紅極一時的「隨身聽」、諾基亞功能機，如今都已經消失在歷史長河中。但是孫正義不允許自己的未來充滿不確定，這就是他選擇做平臺的深層原因。換句話說，雖然商場中賣的物品可能大變樣，甚至一年一個樣，但是商場永遠都是商場，孫正義要做的就是專注於商場。

這就是一種平臺思維。要做就做平臺，這幾乎是當下每個創業者的理想。但在30多年前，人們並沒有「平臺」這樣的概念，絕大多數人都是「現在什麼最賺錢就做什麼」。

平臺思維也灌注到軟銀的各方面。從「軟銀」這個名字看，就能感知到孫正義的平臺思維。「軟銀」即「SoftBank」，而我們都知道，其實早期的軟銀業務與銀行或金融毫無瓜葛，為什麼會取個「銀行」作為企業名的尾碼，是因為孫正義受到「銀行吸納儲戶資金，進而進行資金運作」這樣的平臺思維啟發，進而聯想到「吸收各類軟體，進行軟體分銷」的平臺思維，這就是「軟體銀行」的由來。

同樣的，孫正義創辦軟銀之前，曾經花費一年時間進行各種行業的深入調查，在經過千挑萬選後，孫正義並沒有從事之前已經有一定累積優勢的軟體技術開發，而是進入軟體分銷領域，這背後其實也是平臺思維的影響。

在孫正義眼中，所謂平臺，就是指「許多參與者活躍其中，每個人都有自己所追求的利益，而平臺的本身價值也隨著參與者的活躍而日益提升，價值提升後反過來吸引更多的參與者」。

簡單來說，企業變成一個平臺其實就是將自己變成一個開放的系統，這個系統裡有一整套機制和規範，吸引其他不同的群體加入，激勵他們在這裡互動、創新，實現自我價值的同時達到平臺的價值追求。從本質上來說，平臺就是打破傳統的產業鏈，對不同行業進行了重組。

因此，平臺生態圈的打造不是一朝一夕的事，企業有許多事情要做。波士頓諮詢公司首席執行長為我們總結了幾條：

1. 企業要對上適應互聯網時代的要求，從企業的內部結構上進行調整，讓它變得更加靈活，資源的調配也更加自由。

2. 打造平臺外部環境保持敏銳，要能夠在第一時間抓住變化的訊息，感知變化的方向。

3. 從組織平臺生態圈意味著會有許多公司加入平臺，彼此之間互相獨立，合作雙贏。如何才能吸引對平臺建構有利的企業加入也是企業需要考慮的問題，一旦合作展開，各個企業間就必須以信任為基礎，建構共同價值觀。

以此來看，軟銀的眾多業務其實都是「平臺」，譬如雅虎日本這一搜尋引擎是人人都可以使用、交流的平臺。而孫正義的企業目標也的確是建立軟銀為主體的生態圈，讓企業自行運轉。「軟銀要成為銀河系」，這是孫正義提出的目標。擴大企業規模、涉足各個產業，不是「攤大餅」

式的發展思路，而是找到各個企業之間的優勢互補關係，以軟銀為核心，整個集團就像看似混雜，實則完美分散的銀河系一樣，各分公司不僅圍繞著軟銀、雅虎日本等恆星轉，還要進行自轉，保持自身的獨立性。

不過，領導者需要注意的是不要盲目做平臺，因為平臺需要強力的資源和實力作為支撐，否則經不住平臺上萬千事物的擠壓，崩塌是最直接的結局。

很多時候企業並沒有準備好做平臺，畢竟這是一項從觀念到組織的顛覆，更多的時候企業做平臺只是在互聯網大潮衝擊下的一種「應激反應」，即看到大型企業觸網做平臺，於是很想跟著上馬，生怕被落下，結果弄巧成拙。

事實上，做平臺和創業一樣，不同類型的企業要順應形勢。對於傳統企業而言，與其一開始就自己動手，不如先從利用現有的資源開始，因為整合比自己做更快，也有利於在後進市場的情況下加速趕上對手。尤其對於一些實力不甚強勁但又急於轉型突破的企業而言，先將自己變成大平臺企業的一個部分，比把自己建成平臺更加切合實際，比如天弘基金。

說到「天弘基金」可能很多人並不知道，但說起「餘額寶」大多數人應該都不會陌生。正是天弘基金與阿里巴巴合作，推出了「餘額寶」。隨著2013年餘額寶規模突破1000億元，天弘基金也進入了「千億」俱樂部。然而在此之前，天弘基金作為一家小基金公司處於入不敷出的狀態，公司需要一次轉變來突圍。這時，它有3個選擇：

首先是基金公司賺錢的首選——鋪管道，但是公司並不具備這樣的能力；第二是做直銷，但是公司並沒有經驗。一番權衡後，公司選擇了第三個方法：找一個經驗和實力十分雄厚的平臺，而當時淘寶正有計畫拓展基金公司客戶。就這樣，2012年下半年，天弘基金與淘寶網合作的互聯網基金產品餘額寶誕生了。

這次合作對雙方來說是一個雙贏的結果，對天弘基金來說，淘寶為它提供了巨大的客戶流量和資金流量，對於淘寶而言好處也不言自明，原本用戶會將閒置在支付寶中的錢提取出來轉存入銀行，有了餘額寶之後，這些「閒錢」就可以繼續留在阿里巴巴集團內部流轉。

所以，在沒有實力的時候我們可以先用現有的資源，依託現有的平臺，將自己打造成為一個為平臺提供內容或服務的公司，借這個大平臺的流量資源為自己累積用戶，獲得現金流，漸漸地我們會發現自己具備了成為平臺的實力。

從天弘基金和淘寶的整合中我們可以發現，是否能建立平臺的關鍵因素在於大量黏度很高的用戶。正如我們之前說的，有了用戶流量才有贏利的可能性。許多公司做「免費」的「賠本生意」也是在為累積用戶流量做努力。天弘基金之所以選擇淘寶，正是看中了淘寶平臺上海量高黏度用戶。

但是我們也必須看到，類似阿里巴巴等已經擁有流量優勢的平臺型企業並不是有了流量就萬事大吉。相反，面對複雜多變的市場情況，平臺型企業依然要進一步夯實優勢才可能保持實力。阿里巴巴在餘額寶上線後，在2013年10月出資11.8億元，認購天弘基金2630萬元註冊資本，持有51%股份，成為天弘基金最大的股東。阿里巴巴的延伸併購，實際上是平臺巨頭加強優勢的典型做法。事實上，阿里巴巴還對新浪、人人等企業注資，為的就是讓自己擁有更多的流量來源。再比如流量巨頭騰訊公司頻頻在各領域出手，也是為了拓展自己的用戶入口，彌補自己的使用者結構在某些方面的缺點，比如騰訊對媽媽網的併購就為公司增加了孕齡婦女的流量來源，從而避免自己的用戶流量過分偏向於「年輕化」或「低幼化」的結構。

擁有了流量優勢的平臺企業在拓展自身流量來源的同時，也十分重視對自身業務的拓展，比如阿里巴巴對搜狗注資，加強自己在搜尋引擎上的佈局，騰訊推出的安全管家，加強了自己在安全領域的防守等，都是實力雄厚的平臺型企業在擴大自己的業務領域，並將這些業務有機地組合在一起，以核心業務為中心形成一個完整的體系，增強自己的綜合實力，以保住自己的競爭優勢。

第三點，坐擁流量的平臺型企業最終都需要走向開放融合。流量巨頭往往難以避免因為用戶優勢而變得只與自己的用戶交流，形成了封閉氛圍。而開放可以讓合作者進入，鼓勵他們不斷地開發出更好的產品和服務促進多方共贏。一個開放的入口越多，與更多人合作，價值轉化的機會才會越大。互聯網並不是企業開放融合的唯一管道，但它可以幫助企業找到最多的合作者。更重要的是，巨頭的實力再強悍也有自己難以進入的領域，因此外部的合作可以起到「開路」作用。

有了實力再做平臺，做了平臺需要鞏固自己的實力，兩句話可以總結，但做起來的確是一門藝術。我們回頭看今天已經初具規模的平臺型企業，如百度、阿里巴巴，從開始到今天都經過10年以上的打磨和建構，而且他們也都是「天生的」互聯網公司，傳統企業在觸網做平臺時更需要細細地摸索。

對具備實力且準備向平臺發展的創業團隊來說，需要注意以下兩點：

1. 明確平臺要服務的對象都有哪些，即明確自己的價值點，以此立足。

2. 平臺要把自己變成一個平衡器，需要協調多邊關係，讓每一個在平臺上的公司都提供良好的服務。這也是平臺吸引力的重要體現。

平臺具備了吸引力之後，就需要考慮如何將人留住。同一個平臺生態圈裡的事業群組成了一個網路，彼此之間相互關聯。這時，平臺需要設計相應的機制，激發整個平臺生態圈中的事業群實現共贏，即當一個事業群實現了發展，其他事業群就會從這種發展中獲益。

Soft Bank

第五章
25字「孫孫兵法」的團隊紅利

公司的領導者要有膽量去改變。要有很強的激情，甚至打破傳統的業務，從而進入新的階段，然後才能有革命性的方向，取得成功。就像對於電子出版公司Ziff-Davis所做的那樣，它就是一家傳統的媒體公司，但是它對於行業內容和媒介都有很好的瞭解。他們就能夠在深入瞭解的基礎上走向新興的互聯網行業。

道天地將法：順勢而為才能抵達遠方

過去我爭第一的心很重，但是現在我知道「道」的重要性，我把它放在第一位。互聯網行業才剛剛起步。在過去的5年裡，互聯網幾乎是從零起步，而現在卻有了3億多用戶，這是一個很好的起步。就像汽車剛被發明的時候，也沒有那麼多的高速公路，沒有那麼多的加油站。電視也一樣，發明後的幾年裡都沒有很好的電視節目，甚至連觀眾都很少。

很多時候，一個企業的文化，是透過領導者的思想和行為表現出來的。一個企業家，哪怕他的企業只有兩三個人，他也必須有自己的思想，有獨到的理念；他必須不斷地在管理水準上、技術上、精神上、理念上充當一個領袖的角色，起到一個領袖的作用。

孫正義的領導哲學就是25字「孫孫兵法」。

1983年的春天，孫正義被查出患有嚴重的肝病，這可不是什麼好消息。在這以前，他的身體就已經出現預兆，孫正義總是覺得疲憊不堪，可他想這可能是創業時期勞心勞力的原因，也許過一段時間注意休息就好。那段時間他也是醫院的常客，不過看起來情況並沒有那麼嚴重，結果1983年4月，公司的春季體檢結果報告上赫然寫著「B型肝炎」，醫生彷彿是死神的信使一般，告訴他生命只有5年期限。

因禍得福，孫正義不僅戰勝了病魔，而且總結出了他一生中最重要的25字「孫孫兵法」。其中重要性最高的是「道天地將法」，因為這是孫正義經營理念的最高體現，即「依天行事，按道經營」。

「道」就是人心所向以及理念、戰略的正確性等。《孫子兵法》中說：「道者，令民與上同意，可與之死，可與之生。」孫子認為「上下同欲者勝」，所以提出「修道而保法」，強調搞好內政，確立法制。在孫正義看來，「道」的含義頗為豐富，「夢想」「願景」都是「道」的一部分。

「天」即天時、機遇、季節、時機、形勢。《鬼谷子》中說：「變化無窮，各有所歸，或陰或陽，或柔或剛，或開或閉，或弛或張。」企業家也要與世而移，善於及時地調整企業發展的戰略和思路。孫正義眼中的「天」是「時機」的含義。

西方石油大王哈默就是善於隨機應變、因地制宜的典型。他是最早會見列寧的西方商人。在讀大學時，他就因製藥業的成功，成為當時唯一的大學生百萬富翁。

在俄國十月革命後，因戰時共產主義的失敗，列寧改而採納改革開放的「新經濟政策」，哈默成為最早到俄國淘金的西方商人，他把俄國的礦產資源運到美國，換來俄國人果腹急需的糧食；史達林拋棄列寧的改革開放政策後，哈默將在蘇俄收集的當時被俄國人鄙棄的藝術品帶到美國，又發了一筆財；羅斯福實行新政後，哈默敏銳地察覺到禁酒令即將廢除，於是他在製酒界大展拳腳；二次大戰後，民生急需改善，哈默又轉向牧業，成為牧業領袖；20世紀六七０年代，他插手石油，成為石油大王；後來，哈默致力於化工，又成為化工領域的標竿。

「地」就是地勢、地利、資源、交通狀況。良好的地勢有助於形成強大的兵勢，所以，造勢也是用兵的法則之一。《孫子兵法》中說：「善戰者，求之於勢。」「善戰人之勢，如轉圓石於千仞之山者，勢也。」孫子還提出「投之亡地然後存，陷之死地然後生」「聚三軍之眾，投之於險」的危機管理法。在軟銀，「地」就是「地利」，「軟銀地處亞洲就是我們最大的地利優勢」。

「將」即是要成為優秀的將領，「人和」之意。「在自己必須成為優秀將領的基礎上，必須找到10個以上良將的幫助，否則做不成事情。」孫正義建立的軟銀學院，除了尋找接班人這一目標，更大的用心是在培養軟銀的優秀管理人員上。

「法」就是法紀、制度、結構、編制、配置、權責等。「法」須統一、守信：「法不信，則君行危矣」；「法」須制約權貴：「法不阿貴，繩不繞曲」；還需「明法」：大臣「雖有智能，不得背法而專制」。在軟銀的經營、管理中，「法令孰行」，即哪一方的法紀、條例、標準得以貫徹，可以判斷一個企業的成敗得失。

在軟銀，沒有所謂的「元老特權」，連孫正義都帶頭遵守公司規定，其他人更不在話下。

道、天、地、將、法是孫正義總結的5個制勝條件，總結起來就是經營決策要符合一定的規律，在天時、地利、人和三者完備的情況下才能出擊。

頂情略七鬥：五成太低，九成太高

冒險不是投機，要在分析之後再行動，但是不能等得太晚。人人都看清的時候，市場也就沒了。還有一點就是，「不戰而屈人之兵」。收購合併便是這樣的。大部分的日本管理者或者媒體人士好像都不能理解我的那種戰略，因為他們大都用「冒險」或者「差額利潤」來形容我。未來我將慢慢提到，每個交易是根據多大的規劃、在什麼樣的科學分析之下，透過前瞻多遠的未來之後做出的。

人要嘛太激進，要嘛太膽小，能做到二者平衡，必成大事。

走在路上，眼看就要到達目的地了，這時路上突然出現一塊警示牌，上書4個大字：此路不通！這時你會怎麼辦？

激進者仍舊堅持走這條路，大有不撞南牆不回頭之勢。結果可想而知，已言明「此路不通」，那個人只能在碰了釘子後灰溜溜地掉轉車頭返回。這種人在生活中常常因「一根筋」思想而多次碰壁，消耗了時間和體能，卻無法將做事效率提高一丁點，結果做了許多無用功。

膽小者選擇駐足觀望，不再向前走，但也不掉頭，想法有二：一是認為自己已經走了這麼遠，再回頭心有不甘且尚存僥倖心理；二是想如果回頭了，其他的路也不通怎麼辦？結果駐足良久也未能前進一步。這種人在生活中常常會因懦弱和優柔寡斷而喪失機會，事業沒有進展不說，還會留下無盡的遺憾。

還有另一類人，他們會毫不猶豫地掉轉車頭，去尋找另外一條路。也許會再次碰壁，但他們仍會不斷地進行嘗試，直到找到那條通幽曲徑。

這是一個度的問題。做事情既不可太急躁，也不可失去激情，重要的是做全域性的觀察。能夠以全域性眼光進行分析判斷，制定發展的戰略，也相當重要。孫正義的看法是：一件事情有七成勝算就應果斷行動，也就是他總結的「頂情略七鬥」。

「頂」就是「頂端」，最終的目標所在地。換句話說，做事情要站在最終的制高處向下望，這樣才能看得清楚。

「情」就是「情報」。孫正義說：「我關注的是資訊的收集與分析。」

「略」就是「戰略」。分析完情報之後，還要將下一步怎麼做提煉出來，這就是行動的戰略。

「七」就是「七成」。行動之所以要七成勝算，是因為五成或六成太低，勝與不勝的機率相對，意義不大。而高於七成，則說明勝率高，一定早已有人進入這個領域，他們的決策也做得完備，那麼自己再進入，事實上成功的可能性已經不高了。如果真的需要看到九成或九成五的勝算才行動，那只能說明自己過分謹慎，不夠果斷，會錯失很多機會。

孫正義的許多決策都以「七成」為判斷的基準。雖然還有三成的不確定性，可是就像蜥蜴切掉三成的尾巴依然能存活一樣，將風險控制在三成的範圍內，孫正義就有信心讓事業起步，甚至起死回生。

「鬥」就是「戰鬥」。不管說得多好，都是紙上談兵，不足為信，最好的辦法還是在戰鬥中磨練自己的本領。

一個符合「頂情略七鬥」的管理者應該像優秀的政治家一樣，具備這樣的智慧和能力：

1 具備高瞻遠矚的能力；

2 對於各種資訊的分析綜合能力；

3 在最恰當的時候做最恰當的事情，制定最適當的戰略的能力；

4 抓住主要矛盾，關注次要矛盾，同時關注細節；

5 實戰經驗豐富。

高瞻遠矚的能力，考驗的是管理者對業務長久思考的能力和全面佈局能力。「我們不能只站在業務本身的高度做業務，就像一場戰爭，絕不是為了打一場戰爭而打戰爭，更不是為了打一場戰役圖一時之快。」比如，劉邦的目的是為了建國，局部的輸贏對於他來說並不是最重要的；而項羽則沉浸於每一場戰爭的輸贏中，缺乏整體的佈局能力，所以必輸無疑。

對於資訊的分析綜合能力，是管理者必須具備收集、綜合、分析資訊的能力和意識。「一個優秀的政治家，一定善於分析各種資訊，在別人不注意的資訊中分析出有用的東西。」

2013年年初，一部叫作《紙牌屋》的美劇一炮走紅。該劇由著名演員凱文·史派西主演，知名導演大衛·芬奇執導，剛一放映便受到美國及其他40多個國家與地區觀眾的追捧，可謂是最火的劇集之一。世界上最大的線上影片租賃服務商奈飛公司（Netflix），在擊敗了很多對手、預支1億美元作為劇組預算後，才獲得這部美劇的兩年獨家播放權。

也就是說，奈飛花了1億美元的鉅資，為的只是兩年內讓用戶只能在奈飛網站上付費觀看這部劇集，這不可不謂一場豪賭。是什麼讓奈飛願意砸這麼多錢在這麼一個劇上呢？難道，在開拍之前，奈飛公司就已經知道《紙牌屋》會紅火嗎？其實奈飛公司在做這項豪賭的時候，同樣也是秉持七成勝算的決斷方式。

要知道，在美國電視行業，沒有什麼是確定的。也許你可以找齊金牌導演、實力演員和時下流行的題材劇本，但結果依然失敗。不管做什麼生意，能夠預見未來都是可怕的，奈飛公司在紙牌屋一次大戰中可能已經接近這個水準。

作為世界上最大的線上影片出租服務商，奈飛公司已經知道使用者很喜歡《社群網戰》《火線追緝令》的導演大衛·芬奇，也知道凱文·史派西主演的片子表現都不錯，還知道英劇版的《紙牌屋》很受歡迎，三者的交集資料表明，值得在這件事上賭一把。

奈飛公司在美國有2700萬訂閱用戶，在全世界則有3300萬，它比誰都清楚大家喜歡看什麼樣的電影和電視。有研究表明，每天的高峰時段網路下載量都是出自奈飛的流媒體服務，如今人們在網上看流媒體視頻的時間比看實體DVD碟片的時間還多。每天用戶在奈飛上產生3000萬多個行為，用戶暫停、重播或者快進時都會產生一個行為，訂閱用戶每天會給出400萬個評分，還會有

300萬次搜索請求，詢問劇集播放時間和設備。

曾有報導稱，使用者登錄奈飛網站後的每一次點擊、播放、暫停甚至觀看視頻的時間長度都會被記錄下來，存入後臺用作計算。奈飛公司就是透過這種方法精確定位觀眾的偏好。據瞭解，奈飛公司之所以一口氣播放13集《紙牌屋》，是因為他們已經預測到多數用戶不喜歡在固定時刻收看電視劇，而是更加傾向於「養肥了再看」。

奈飛公司長期以來對使用者租賃、觀看資料的累積與分析，讓它對用戶喜歡什麼樣的電影和電視劇集，乃至喜歡哪一個鏡頭都有著較為準確的認識，這一切都來自大資料分析，而不是針對觀眾的抽樣調查或者影評家的評論。無論從有效性還是可用性上看，這些資料都遠比抽樣調查和影評家的評論要好得多。

在經過上面的分析後，奈飛公司無疑已經有七成左右的把握，剩下的就只能交給運氣了。

在最恰當的時候做最恰當的事情，制定最適當的戰略，是要求管理者像優秀的政治家一樣，不魯莽地做出決定和隨便行動，任何一個決定和行動都是領導組織走向良好的發展途徑。比如一場戰鬥，早一分鐘或者晚一分鐘吹響衝鋒號，結果就可能完全不同。而且，作為一個管理者，遇到棘手的事情不是不停地抱怨，而應該專注於如何解決問題。

同時，一個優秀的管理者要能夠抓住主要矛盾，關注次要矛盾，同時關注細節。在公司眾多業務中，如果善用「抓主要矛盾、不忽略次要矛盾」這一策略，很多事情就能夠有效地梳理和快速地解決。除此之外，細節也同樣不能忽視，在孫正義看來，「一個真正的政治家對於細節的關注是一種天生的能力」，因此，他們往往具備敏銳的觀察能力，而這正是管理者必須具備的能力。

實戰是檢驗的唯一標準。在商海中摸爬滾打過的管理者才不會有「和書本上的知識對不上的尷尬」。

一流攻守群：領導者從來就不是獨行者

做事情只靠一個人，那真是危機四伏。

佛教創始人釋迦牟尼曾問他的弟子：「一滴水怎樣才能不乾涸？」弟子們面面相覷，無法回答。釋迦牟尼說：「把它放到大海裡去。」

領導者雖然是一個企業的靈魂，是最重要的「一滴水」，但他也只是「一滴水」。

領導者不能當孤膽英雄。孫正義是個善於依靠軟銀團隊的領導者，「獨狼」不是他的風格，這種思想的核心體現就是「一流攻守群」。

「一」就是「第一」。孫正義追求行業第一的領導哲學在軟銀是人人都知道的。孫正義說：「成為第一才能長足發展。」

「流」就是「主流」「潮流」。「不能在即將消亡的行業裡幹事業。」

「攻」就是「攻擊」。領導者應當是整個團隊當中攻擊力最強的點，否則就不應該成為領導者。

「守」就是「防守」。會踩油門也要會踩煞車，會進攻更要會防守。

「群」就是「群體」。這一點是這句話中的重點。

作為領導者不能只是單打獨鬥，群策群力、攻守望俱佳才能產生加乘的效果。孫正義在公司的日常經營中也曾將團隊發展為團組型團隊，如10人一組劃分為小團隊，每個團隊都有相應的獨立權，有自我決策的權力，團隊之間也可以自由協作和搭配。

孫正義對於團隊的合作設定，與中國的打麻將很類似。

首先，打麻將需要的是團隊合作，三缺一就打不成。軟銀移動門店每天的工作需要的也是團隊協作，從外面的門迎到店內的服務，從樣品介紹員到收銀，以及導購和衛生清潔員，這些都是不能分割的，要很好地對接起來才能提供優質的服務。

清潔員發現導購員太忙，沒有把桌上散亂的電子產品樣品擺放出來，要怎麼做；收銀人員遇上需要諮詢技術問題的顧客，要怎麼做。拿孫正義對收銀員的規定來說，不僅要懂得財務知識，更要對店內的產品有相當程度的技術瞭解。其他工種也有類似的合作規定。

其次，有人麻將打得久了，閉著眼睛都能打贏，因為他用心去記，每個牌面一摸就知。這也正是孫正義宣導的用心，比如顧客第二次來就能記住他們的名字，第三次來就能知道他們喜歡買什麼，是耳機還是其他電子產品。只要用心沒有記不住、學不會的東西。

關於「群」，孫正義還有另外的理解，也就是公司的產品線不能太單一，這樣容易在危機中被淘汰，而且一旦市場環境變化，公司就前途堪憂了。所以，雖然軟銀是以軟體銷售起家，但是他並沒有一味依賴這個業務，而是進軍出版業，進入互聯網領域、移動通信等。

除了看重軟銀內部團隊合作外，孫正義同樣將這種思想帶到與合作夥伴的合作中，即大家抱團在一起做事，而不是為了短期利益互相打壓。

諾貝爾經濟學獎得主萊因哈德·澤爾滕教授有一個著名的鷹鴿博弈理論：

假設有一場比賽，參與者可以選擇與對手合作，也可以選擇競爭。選擇合作策略的結果是，可以避免對手之間浪費時間和精力的消耗鬥爭，可以像鴿子一樣瓜分戰利品；但如果選擇的是競爭策略，那麼雙方必定會因為爭奪戰利品而像老鷹那樣鬥個你死我活，並且即使是獲得勝利，也會被啄掉不少羽毛。有很多人都會擔心抱著雙贏的態度會讓自己吃虧，但實際上正如你對鏡子笑鏡子才會對你笑一樣，雙贏的合作態度是可以相互感染的。

美國科學家發現，理論上，無論經過多少次博弈，人類行為合作的機率與不合作的機率總是近似相等的。但他們透過實際調查發現，一旦有了一次或數次進行合作的良好回憶，在後來的博弈過程中，參與合作的雙方總會依靠記憶來主動尋找善於合作的夥伴。這一點可以稱作路徑依賴。

所以，優秀的管理者要學會依賴身邊的人，自己則做個組織眾人和諧運轉的組織者。

智信仁勇嚴：領導者的自我更新

一個人要成就事業，應該具備這3個條件：第一人格，第二勇氣，最後才是能力。作為一個領導者，可以讓自己的屬下說你沒有什麼才華，但是一定要讓你的屬下知道你是一個有德的人。

身為企業領導人，若擁有良好的道德品質，事事處處皆垂範在先，做出榜樣，下屬就願意信任你，敬仰你，進而跟隨你並學習你，天長日久，自會培養出一群支持你，追隨你的下屬。良好的品德可以成就一番偉業。歷史告誡我們，事業是萬眾心力合一的結晶。有德的領導人能凝員工之心，聚員工之力，引領企業按既定的方向發展，能使企業實現一個個經營目標；相反，無德的領導人，缺乏黏合力、向心力，會使身邊的員工眾叛親離，成為陌路，其事業自會半途而廢，甚至以失敗告終。

具體來說，每個領導者都對管理者應當有什麼樣的品質，有著自己獨特的理解。日本商界有人做過總結，一個有德行的管理者必須具備7種品質：

1. 感恩。企業家所獲得的一切成就都是社會賜予的，應當從內心裡感謝社會和他人的厚愛。

2.仁愛。企業家對員工要有「同心之情」，要有「仁愛之情」，要「構築一個互相信任的同志式共同體」。「仁愛」可以消除隔閡，降低磨合成本。

3.勤奮。「業精於勤，荒於嬉」，企業家的勤奮事關責任心、事業心、工作毅力等優良品質。如像藝術家那樣為工作而傾倒，迷戀上工作，並且讓自己的所有熱情和能量都能在工作中完全燃燒。

4.慷慨。人的社會性要求其在權利與義務、索取與奉獻、為人與利己諸方面有合於國家的、集體的價值取向。

5.正直。做事要正直坦率，不遮掩不虛偽，光明磊落，堅韌不拔地去把它做到底直到成功。

6.慎獨。能夠自我控制，能夠抵制本能的衝動是人和動物的根本區別所在。能否做到慎獨是檢驗企業家是否真正堅定、磊落的試金石。

7.守信。誠實守信是修身之本、做人之本。以心為本，企業家與社會、企業成為互相信任的共同體，使企業員工為共同體而工作。

在孫正義身上，這個問題他濃縮成5個字：智信仁勇嚴。

這5個字出自《孫子兵法》。在孫正義眼中，作為領導人，豐富的知識、信義、仁愛、果敢、威嚴都是必備的素質。

「智」就是智謀，孫子說「上兵伐謀」——上等的兵法是謀略伐敵；「全國為上，破國次之；全軍為上，破軍次之」，「不戰而屈人之兵」，「善用兵者，屈人之兵而非戰，拔人之城而非攻」——強調的是整體收購、雙贏、非惡性競爭、非市場戰的做法。

「信」就是「信念」「信用」，用來凝聚團隊的力量。

「仁」就是「仁義」「仁愛」。如軟銀的宗旨：「一切為了人們的幸福。」

「勇」就是「勇氣」。在孫正義眼中，有勇氣不是一味地向前衝，撤退需要10倍的勇氣。

「嚴」就是嚴格管理，「靜以幽，正以治」「令之以文，齊之以武」，以文的辦法號令大眾，以武的辦法讓隊伍步調整齊。

孫正義偶爾也會感情用事，企業是個修煉場，他也期望自己能達到五者兼備的最高境界。他承認，最高境界非最高智慧不可達到，而且必須在五者當中達到某種平衡，如仁愛不可過度，否則會失了威嚴，威嚴不可過度，否則就「不近人情」。

哈佛大學教育研究生院教授、多元智慧理論奠基人霍華德·加德納認為，相比其他專業人士，商業人士保持道德意識要更難一些。這是因為專門職業會形成一整套管控機制以及對違規者的懲戒措施，因此道德約束比較強，而從商嚴格說來算不上一項專門職業，他們唯一的要求是：賺錢，但不要違法。

品格意味著行動，領導者品質、道德不能只是嘴上的空言。評判領導者，要看他們做了什麼，而不是看他們是誰。做個好人是沒有什麼用處的，必須做好事。面對危機必須堅定；困難的時候，要成為可以支撐團隊的磐石；成功到來的時候，要把功勞歸於他人。

作為一個符合「智信仁勇嚴」品質的企業管理者，應該注意哪些方面的修養？

1. 言行謹慎

時刻注意自己的工作態度和行為舉止，其言行體現著號召力和影響力，絕不能有戲言。每說一句話都要經過認真的思考，無論在工作還是生活中都要約束自己，謹言慎行，不放縱，不浮泛，說一不二，「王命」不能輕易下達，一旦下達就需要有人不折不扣地執行，不可輕易變更。

2. 努力培養高尚的人格情操

「人以品為重，官以德立身。」管理者的非權力影響力體現在人格的力量方面。一個人在素質能力上有差距可以提高，但品質差距很難彌補。管理者為人是否正直，是否正派，處事是否公道，是思想政治品德和能力的外在表現。

3. 具備寬闊的處事胸懷

寬闊的胸懷是產生向心力、凝聚力、感召力的人格力量。作為一個管理者，在處事時要具備坦誠相見的胸懷，對管理團隊成員胸懷坦蕩，以誠待人，不懷疑、不嫉妒、不欺騙；對下級不虛偽、不偏私；在重大問題決策上，充分發揚民主，集中集體智慧，不獨斷專行。

4. 樹立嚴格的自律意識

一個管理者威信的高低，與權力的大小並無直接關聯，而更多地取決於他在權力運用中表現出的品格優劣。優秀的管理者懂得嚴格要求自己，起到為人表率的作用，用實際行動來影響和帶動身邊的人一起努力工作。

風林火山海：疾風徐林，如火如山

競爭是大事，但競爭中的雙贏與競爭後的和平更為重要。

「風林火山海」中的「風林火山」4個字對日本人而言相對更加熟悉一些。當年武田信玄將這4個字從《孫子兵法》中挑出，印在他的旗幟上。這是一種戰術，即「其疾如風，其徐如林，侵掠如火，不動如山」。

「其疾如風」，即立即執行。互聯網追求的是一種速度，「天下武功，唯快不破」，這個領域裡每天都有新的事物產生，用戶需求變化得非常快，競爭也很激烈，一旦速度跟不上，就會被淘汰。另外，企業在快速發展的時候風險往往相對較小。

2007年是人類手機發展史上的一個新紀元。這一年元旦過後的一個星期，蘋果公司前首席執行長史蒂夫·賈伯斯發佈了一款名叫iPhone的產品，重新定義了手機。一年後的7月11日，蘋果公司發佈了他們的第三代iPhone——iPhone3G。它的內部結構與第一代產品相似，不過是增加了一些模組，讓它可以支援3G網路。

那時的iPhone尚未在全球流行，孫正義預見到這款手機將會大賣，於是他在第一時間跑去找賈伯斯談。賈伯斯也給出了積極的回應：「你瘋了嗎？我們都還沒和任何人談 iPhone，不過你很有眼光，你是第一個來找我的。這個產品是你的了。」

「其徐如林」，講的是深藏不露。關於這一點，孫正義還有一句經典描述：「在水面下談判。」在與賈伯斯接觸的時候，競爭對手ＮＴＴ和 KDDI 都被蒙在鼓裡，根本不知道這檔事。因為缺少足夠有實力的對手，孫正義從蘋果手中獲得 iPhone 代理權也是預料之中的事情。

「侵掠如火」，一日掌握主動，堅決不給對手留退路。在取得 iPhone 代理權後，孫正義開始全面在日本展開推銷攻勢，他頻繁地出現在電視、網路、報紙等媒體上，向日本民眾講述 iPhone 的種種優越性能。孫正義還借助自己在年輕人中的影響力，將 iPhone 與時尚、科技感聯繫在一起。此時才反應過來的ＮＴＴ和 KDDI 已經無力還手。

最終，軟銀引進了 iPhone，並且成為日本唯一代理 iPhone 的營運商。事實證明它在日本爆紅。iPhone 吸引了許許多多時尚而年輕的日本人。為了獲得一部這樣的手機，他們成批成批地進入軟銀移動的網路，在手機流量上一擲千金。不僅如此，他們在軟銀的營業廳裡購買 iPhone 時，會順便帶走它的周邊產品，如手機殼、耳機等。

雖然已經取得壓倒性的勝利，孫正義繼續強化軟銀的優勢，而且還與蘋果簽署長期合作戰略，哪怕是將 iPhone 業務上取得的絕大部分利潤分給蘋果公司，為的就是確立「不動如山」的地位。

競爭是大事，但競爭中的雙贏與競爭後的和平更為重要。

所以在「風林火山」之後，孫正義創造性地加上了「海」——只有如大海一般浸漫了一切的局面才意味著真正的和平。必須熄滅那些隱藏的火星，否則星星之火有可能再次引發戰爭。

於是不久後，孫正義發表了一項聲明，決定與ＮＴＴ一同代理 iPhone。這樣一來，軟銀與ＮＴＴ實現了強強聯合。最終，孫正義在日本智慧手機市場上的地位無人可以撼動，一切歸於「海」似的平靜。

關鍵時刻，衝鋒才是王道

接下來大家跟著我一起連續奮戰10天。

企業在發展的過程中會出現分工和整合，當出現了無序狀態，作為「企業風向標」的掌舵人就顯得尤為重要。

有人說，帶隊者就應有「平常時段，看出來；關鍵時刻，站出來；生死關頭，豁出去」的素養。

「平常時段，看出來」，是個人素質、潛在能力和品質的體現；「關鍵時刻，站出來」，是勇氣、原則和實力的展現；「生死關頭，豁出去」，是一種勇於奉獻和敢於犧牲的精神。很多人在關鍵時刻喪失領導力的原因就是：要求下屬「照我說的做」，而不是「照我做的去做」！在關鍵時刻不能堅持原則，更沒有勇氣和實力站出來，也就是不敢說「看我的」！

一個人去買鸚鵡，先是看到了一隻鸚鵡身前的標牌：「此鸚鵡會兩種語言，售價200元。」另一隻鸚鵡前面則標著：此鸚鵡會4種語言，售價400元。這個買家發現兩隻鸚鵡都靈活可愛，毛色光鮮，實在是猶豫不決，不知買哪隻為好。

這個人轉啊轉，又突然發現了一隻老掉牙的鸚鵡，毛色暗淡散亂，卻價格不菲，標價800元。這人趕緊將老闆叫來問道，這隻鸚鵡是不是會說8種語言。

店主說：「不，牠之所以價格高，是因為另外兩隻鸚鵡叫這隻鸚鵡老闆。」

由此可見，領導者對於團隊的重要性。孫正義在軟銀擁有極高的個人威望，當然不是因為制度設立的權威，而是以身作則，衝鋒在最困難的第一線，贏得員工內心真正的拜服。

2004年孫正義竟然遇到了勒索的不法分子。

2月24日，剛剛慶祝完日本建國紀念日（每年2月11日為日本建國紀念日）沒幾天的孫正義心情不錯，像往常一樣早早地前往東京軟銀總部上班。到了公司沒多久，孫正義接到秘書電話，收到了一個裝有雅虎日本使用者資料的匿名包裹。孫正義聽到後不由得一驚，為什麼會有外人知道雅虎日本使用者的資料，要知道，這可是公司的絕密資料。

那一瞬間，孫正義意識到：完蛋了，雅虎日本使用者資料失竊。

掛下電話，孫正義直奔秘書辦公室。眼前看到的是一疊厚厚的A4紙，上面寫滿了使用者資料。除了這些洩露的使用者資料外，還有一張寫了寄信人話語的紙片，上面的內容讓孫正義火冒三丈。寄信人信誓旦旦地在信中表示，他們已經找到雅虎日本使用者資料系統的漏洞，而且願意幫助軟銀修復系統漏洞，不過當孫正義看到那近乎天價的「debug」費用時，終於明白這是一場赤裸裸的勒索。

面對如此困境，孫正義最終選擇了報警。缺錢嗎？當然不是，無論多麼高的天價，對於孫正義的軟銀帝國來說，就像身上的一根寒毛。後來孫正義自己回憶說：「不是別的原因，而是對於勒索這件事的反感。不管在什麼情況下，絕不會向惡勢力低頭，他們一分錢也別想從我這拿到。」

2004年2月27日，孫正義在局面尚未失控前，主動召開記者發佈會。在會上，他坦承雅虎日本約452萬人次的使用者資料遭竊，並說出了背後被敲詐勒索的經過。在發佈會的後半程，孫正義一再向使用者表明系統漏洞已經被修復，而且保證之後再也不會發生類似事件。

另一方面，孫正義積極配合東京警方，而且還找到電腦安全方面的專家學者，透過分析盜賊在網路上留下的蛛絲馬跡，尋找背後的作案集團。

這起案件很快水落石出，從孫正義收到勒索要求，到嫌疑人落網，前後不到一個月的時間。在這起危機事件中，孫正義用不畏惡勢力、坦誠面對自身過失的方式，讓軟銀度過了危機，更因為他一直處於風口浪尖，在軟銀內部獲得了員工的極大信任，這樣有擔當的領導者怎能不令人放心。

當人們問孫正義，為什麼要自己衝在最前面時，孫正義直言：「這樣才能獲得員工的信任。」

人通常從兩個方面來獲得信任：一是能滿足他人的期望；一是個人價值能滿足他人的期望。例如你是一個能力很強的領導者，但是別人不能夠預測你的價值將把你帶向何方，你就很可能引起他人內心的恐慌。但是，你能擺正心態，但是能力不足，員工也無法信任你。

所以，想獲得員工的信任，領導者需要同時滿足上面兩個方面的預期。為了獲得這種信任，領導者在上任後的第一件事情就是將技術性問題和適應性問題區分來妥善對待，也就是說，能有效地承擔起責任，為組織注入活力，並確保在解決問題的過程中不出問題。

關鍵時刻，頂在最前面，需要決心、魄力、勇氣，更要具備這幾種素質：

為目標的實現全力以赴。大多數人都喜歡與將感情和身心都奉獻給工作的人共事。

具有超強的解決實際問題的能力。輕而易舉地解決別人無法解決的問題，能夠獲得追隨。

具有非權力影響力。不僅要關愛員工，還要具有人格魅力。具有較高的道德標準，獲得信賴。

一個優秀的管理者，之所以能擁有很高的地位和號召力，並不是因為他比別人聰明，更不是因為他天生就具備這樣的才能，而是因為他承擔了眾人的使命，敢做有擔當。

陷入藉口圈的人做不了領導者

喜歡說「無能為力」「有難度」「不可能完成」這類話的人，是不能做領導者的。

只要有孫正義出席的公司會議，在會上說出「有難度」「做不到」這樣的話，是需要相當大的勇氣的。因為在你說出這句話之後，孫正義的回應一定是：「為什麼做不到？」「難度到底在哪？」「這點困難必須克服。」如果你說因為「外力不可抗拒因素」，孫正義也絕對不會接受。

作為軟銀的 CEO，孫正義在公開場合的發言需要特別謹慎，軟銀的投資者隨時都在關注著他的一言一行。任何不適當的舉措都可能會引起股價波動，甚至會觸犯相關法律。但是最終大家不得不接受一個事實：孫正義就是個做事「罔顧法紀」的人。

有一次雅虎ＢＢ安裝在ＮＴＴ機房內的設備出了故障，需要立刻修理，但是由於雅虎的技術人員事先沒有申請進入機房，因此門衛將他們擋在了機房外面。不是不能申請，而是等到申請被批准要好幾天，這幾天之內雅虎ＢＢ的用戶就連不上網。孫正義親自出馬讓門衛放他進去，理由就是：你就算告我非法闖入我也要進去。

孫正義為了事業拚了命地挑戰一切「不可能」，在他眼中，沒有藉口。之所以這樣，因為他知道「找藉口」對於人的思想的危害有多大。

如果一個人不想做某事，就總能找到充分的藉口和理由。藉口是懶惰的人給自己開具的精神麻醉藥，如工作責任心不強的職員會說：「大家都這樣工作，我又何必這麼認真呢？」生活落魄的人會說：「命運之神不傾向自己，我又何必這麼努力呢？」等等。

1. 藉口帶來「思考放棄症」

每當要付出勞動時，人們總是找藉口來安慰自己，總想讓自己輕鬆些、舒服些。人們都有這樣的經歷：清晨鬧鐘將你從睡夢中叫醒，一邊想著該起床了，一邊又不斷地給自己尋找藉口「再睡一會兒」，於是又躺了5分鐘，甚至10分鐘……結果導致時間急迫，匆忙上班，乃至遲到。

其實藉口是人的惰性心理在作怪，因為選擇藉口就意味著能享受到「便利」，藉口也帶來了「思考放棄症」。

2. 不想做時，一定能找到藉口

當人們不願意做一件事情時，往往在做之前就已經想好藉口。於是，人們就會產生這樣的心理：能夠完成當然是好事了，不能做好也是情有可原的。

休斯．查姆斯擔任「國家收銀機公司」銷售經理時，有段時間，公司的銷售量一直在下跌。為此，銷售部門不得不召集全體銷售員開一次大會。查姆斯先生主持了這次會議，他請手下最佳的幾位銷售員站起來，要他們說明銷售量為何會下跌。這些推銷員在被叫到名字後，一一站起來，每個人都有一段令人震驚的悲慘故事向大家傾訴：商業不景氣、資金缺少、人們都希望總統大選揭曉之後再買東西，等等。每個銷售員都在列舉使自己無法達到平常銷售業績的種種困難。

這些銷售員的理由的確沒有錯。但是，公司安排銷售員這個職位，是為了解決問題，而不是聽他們做困境分析。

這樣不負責任的人怎能擔當領導者的重任？那麼，該怎樣培養自己「藉口吞回去，辦法想出來」的思維呢？

1. 樹立「沒有解決不了的問題」的思維

「方法總比問題多」，世界上沒有解決不了的問題。只要有將問題徹底解決的智慧和毅力，在遇到困難時勇敢面對，便會離成功越來越近。

2. 重視找方法

領導者所經歷的困難與挫折不比常人少，但是，他們總能找到解決問題的好方法。

我們不妨來看看下面這個寓言故事：

人們結伴去尋找一座金山。當他們沿著一條大路前進時，前方突然出現一條大河，擋住了前進的道路。河水奔騰不息，而金山就在河的對岸，怎麼辦？

人們一直靠雙腳在行走，雙腳把他們帶到了河邊，但陸路已是盡頭，再用雙腳是走不過這條大河的。人們陷入了困境，於是，絕大多數人無功而返，因為「不能走過去」是大家都知道的，所以他們未能到達對岸；另一些人改變了陸地行走的姿勢和習慣，學會了游泳，但是河太寬，體力根本不能支持他們游到對岸，於是也無功而返；還有一些人臨河沉思，偶然看見一塊圓木在河裡漂浮，於是有了靈感，意識到圓木能將他們帶到對岸，結果他們發明了船，最後到達金山。

能度過大河的人才有資格做領導者，因為他們善於找方法，借助水的浮力和木材的特點最終到達河對岸。

3.向身邊的優秀者學習

優秀的人要向更優秀的人學習。「近朱者赤，近墨者黑。」和最優秀的人在一起，不知不覺中自己也會變得優秀。

Soft Bank

第六章

管理的邏輯：富集的智慧＋共用的姿態

不管是哪種管理方式，管理者的角色永遠都是團隊的協調者。

蘭契斯特法則：集中力量啃硬骨頭

你一旦有了工作重點，你就有了更深刻的瞭解，事情就變得很容易了。

1983年，孫正義因肝病臥床不起。為了充實自己，也為了讓自己沒有時間去為現實的種種煩心，孫正義開始大量讀書，他在一位美國學者的書中首次見到了蘭契斯特法則。

蘭契斯特法則的創始人是出生於英國的技術工程師F.W.Lanchester。他本職是個汽車工程師，在擔任賓士汽車公司顧問期間，他把興趣的對象轉移到飛機上，並對飛機螺旋槳有深入的研究。

在Lanchester研究螺旋槳的同時，他開始對空戰的數字發生興趣，譬如幾架飛機對幾架飛機的戰鬥結果將如何，互相被擊落的機率大概是多少。為瞭解清楚，Lanchester更進一步去收集各種地上戰鬥的資料，探索兵力的比率和損害量之間是否具有某種固定的聯繫。這就是蘭契斯特法則的由來。

第二次世界大戰以後，Lanchester的研究被美國商人應用到行銷戰略管理中，並寫入孫正義看到的書中。

蘭契斯特法則主要有以下 4 點內容：

1.行銷力量如何分配。企業以最低成本獲得最高利潤的前提條件是戰略力與戰術力的比例至少為 2：1。這決定了企業行銷戰略中行銷力的基本分配關係。

2.「3：1」理論。競爭雙方戰鬥力的關係在局部戰中發展到了 3：1，弱者反敗為勝已成不可能。當兩競爭對手之間市場佔有率之比超過這個數字時，弱方應及時放棄經營，另闢蹊徑。

3.強者與弱者的差異。實力弱小的公司在戰略上應以一對一為中心，創造單打獨鬥的戰略區域和戰略性產品，避免以所有產品和所有區域為目標。選定特定的使用者，展開局部戰鬥，以點的反敗為勝，連點為線，連線為面，取得最終勝利。

4.地位差異戰略。在行銷過程中，必須考慮企業在產業和市場中的位置。在許多攻擊目標中，首先集中力量對付射程範圍內的敵人，避免多方樹敵。

用一句話總結蘭契斯特法則，就是「這是一個專為弱者打造的法則——避開正面，集中力量，各個擊破」。

孫正義成立軟銀的時候，是不折不扣的「弱者」，他毫無背景、資源，甚至連辦公場所都不穩定。但是「狼行千里吃肉」，是「狠角色」無論在什麼情況下都會與眾不同。

軟體銀行創立後不久，孫正義發行了《Oh!PC》與《Oh!MZ》兩本針對單一機型的個人電腦資訊雜誌，就是運用弱者戰略。當時，市面上已經存在《ASCII》《I/O》《MY COM》等綜合資訊雜誌，孫正義根本沒有兵力去與這些雜誌正面衝突，因此才會把焦點放在單一機型上，以集中兵力。

當時，公司內外對出版單一機型資訊雜誌有許多的反對意見，但對孫正義而言，這是站在弱者的立場所應採取的戰略，也是相當正統與合理的戰略。正面對抗是「雞蛋碰石頭」，自尋死路；涉及面太廣，又會因自身實力不足而死掉。唯一的辦法就是找到對方最弱的地方，狠狠地打一仗。

孫正義說：「日本史上的桶狹間戰爭，織田信長使用奇襲戰法擊敗今川義元的大軍，這就是弱者戰略。乍看之下，這是一場毫無勝算的戰爭，儘管如此，織田信長仍然打贏了這場戰爭。」

相對於兩萬兵力的今川軍，織田軍只有兩千名兵力，兵力差距為10：1。按蘭契斯特法則來看，兵力比為10：1，織田軍根本不可能打贏今川軍。因此，織田信長挑選今川軍隊轉變為細長隊形的唯一機會，襲取主帥的項上人頭，打了一場漂亮的勝仗。

借助孫正義的經營手法，結果令人滿意，原來半年都賣不出去的雜誌，在3天內就銷售了10萬冊。在雜誌虧損了半年之後，終於獲得了盈利。在兩本雜誌之後，孫正義又接連出版了《Oh!FM》《Oh!55》《Oh!Hit Bit》等6本雜誌，並且在之後的許多年裡，它們每年都為軟銀貢獻25億日圓收入，8本雜誌的總銷量也居同類型雜誌銷量的榜首。

團隊一體化策略：群狼方陣

盯住它！

孫正義身高不到一米六，矮小的個頭加上他說話時的和風細雨，他很少被人認為是一個兇悍的人。可是，不要忘了孫正義是從一窮二白的地步起家的，這其中經歷的腥風血雨早已把他由一個「乖乖仔」磨礪成了「嗜血的狼」。

與時刻展示自己兇悍一面的人不同的是，孫正義選擇將這一面深藏，只在關鍵時刻才會露出來，告訴別人他不是好惹的。一位著名職業經理人曾說：「孫正義天生就是個有『狼性』的人。」其實，不僅孫正義本人，就連他的軟銀和旗下企業都流著「狼」的血液。

孫正義將他的狼性基因傳到軟銀旗下的每一個公司，將數百個旗下公司組成「群狼方陣」。在「狼群」中，每匹狼既重要又不重要，每匹狼都不是全能的，可是缺了其中的任何一匹都無法完成圍捕、狩獵。旗下的公司就像一匹匹狼，也許單獨的一個公司沒有多大的威力，可是當他們處在頭狼的指揮下，就能夠彼此優勢互補，發揮出恐怖的實力。

那麼究竟狼的身上有什麼特質，讓孫正義如此推崇？狼在捕獵的過程中，有一種代代相傳的本能，那就是對一個目標「咬定青山不放鬆」。狼不會在面對許多獵物時，讓自己的精神分散。經營企業一樣如此，如果三心二意，想把每隻獵物都盡收囊中，會很輕易就耗盡自己的體力，最終一無所得。對獵物的專注，不僅能產生強大的爆發力，更能提高命中率。另外，專注還可以讓企業更容易修正和提高自身的「狩獵」技巧。企業家在面對許多誘惑時做不到心無旁鶩，這是企業經營的大忌。

狼是一種極講求團隊合作、極善於協同作戰的動物，是所有群居動物中最有秩序、最有紀律的種群。常言道，「惡虎難敵群狼」，「群狼能敗獅」。可見，狼族群體作戰具有何等的威力。狼群從來不會漫無目的地圍著獵物胡亂奔跑、尖聲狂吠，而總是制定充分的戰略，透過相互間不斷溝通與合作，來實現狼群共同的願望與目標！

剝去「狼群」的外衣，孫正義所推崇的正是「群狼方陣」的團隊管理文化。那麼，這種管理文化包括哪些內容呢？

1. 共同確定「狩獵目標」

團隊的每一個成員對自己和群體的目標十分清楚，並且深知在描繪目標和願景的過程中，讓成員們共同參與的重要性。

當團隊的目標由團隊成員共同協商產生時，團隊成員有一種擁有「所有權」的感覺，並從心底認定「這是我們的目標和願景」。這樣，作為團隊管理者，就為以後的工作打下了良好的基礎。

2.團隊成員具備「衝鋒技能」

每一個成員都具備實現理想目標所必需的技術和能力，具有能夠良好合作的個性品質，從而出色完成任務。在一般性的群體中，有精湛技術能力的人並不一定就有處理群體內人際關係的高超技巧。

3.彼此深信不疑

成員間相互信任，每個成員對其他人的行為和能力都足夠信任。團隊具有坦誠、開放的溝通氣氛，團隊成員相互依存，友好合作，公開分享資訊和專業知識。當然，維持群體內的相互信任，還需要管理層引起足夠的重視。

4.角色明確

「群狼方陣」中每個成員都清楚地瞭解他所扮演的角色是什麼，知道自己的工作成績對團隊目標的達成會產生什麼樣的影響，知道什麼該做，什麼不該做，彼此之間也清楚其他成員對自己的要求。

5.管理有效

管理者應對團隊提供指導和支援，但並不試圖去控制它。

6.具有良好的支持環境

從內部條件來看，團隊要有一個合理的基礎，包括適當的培訓，以培養團隊成員形成必需的技能和知識；一個易於理解的員工績效評估系統；一個支援團隊建設和運作的人力資源系統。

孫正義看來，建立「群狼方陣」就是在軟銀的企業基因中種下「狼性」的種子。這樣才能將旗下上千家企業的優勢發揮到極致。

找到能夠過濾無價值想法的夥伴

合夥人就是那個能過濾你想法的人。

孫正義在商海浮沉多年，結識了一群生意上的好夥伴、生活上的好朋友，譬如比爾．蓋茲、馬雲、巴菲特、賈伯斯、柳井正等，不過若要問誰是孫正義最重要的朋友，並不在上面的大牌名單中，而是 UT 斯達康的創始人——陸宏亮。

這是因為不論孫正義還是陸宏亮，兩人都曾表示對方是自己生平最重要的朋友，而孫正義在柏克萊的導師——福萊斯特博士甚至說：「世界上成功的企業永遠有一個核心二人組，一個是狂想家，一個是實幹家，孫正義是前者，陸宏亮就是後者。」

孫正義與陸宏亮的相識過程很戲劇化。當時陸宏亮在一家名為「瑪麗冰淇淋」的冰淇淋店打工，一天孫正義駕駛他的二手保時捷914跑車路過，希望點一杯奶昔濃稠一點的霜淇淋，如果店家做不出來，他將拒絕付錢。因為孫正義的日本口音，服務員並沒有完全聽懂，只是覺得眼前這個小個子不打算付錢，於是將這件事報告給了值班經理陸宏亮。陸宏亮看著眼前矮小的孫正義，心中不由得有一種滑稽的喜感，因為他自己可是身高超過一米八的棒球手，對面前來「砸場子」的竟然是個小個子。

正當陸宏亮準備和孫正義理論的時候，陸宏亮發現孫正義是日本人，而他自己也是在日本長大的。「他鄉遇老鄉」，兩人一拍即合，直接用日語交流了起來，哪裡還有半點火氣。這之後，孫正義開始經常來這家冰淇淋店，而陸宏亮也是孫正義的學長，所以兩人經常交流學業方面的心得。後來，孫正義開始逐漸對電腦感興趣，經常自己跑去實驗室裡胡搞，陸宏亮則是他的「御用實驗助手」。

據陸宏亮說，孫正義屬於天馬行空的那一類人，腦袋裡永遠不斷有新想法冒出來。有些讓他覺得很驚豔，譬如孫正義從漢堡的包裝盒聯想到馬桶座，但更多的是一些非常明顯的異想天開的想法，看起來根本不可能實現。「孫正義是看大方向和提想法的人，不是做實事的人，如果讓他做事的話，肯定會失敗。」面對好友陸宏亮的「吐槽」，孫正義也只能表示默認，他的確在一定程度上依賴於陸宏亮的「過濾」，讓他能夠專注於某一兩個想法上。

人們在佩服孫正義那充滿創意的大腦時，也對陸宏亮的「資訊處理能力」表示欽佩。要知道，每天面對孫正義提出的有用的、沒用的資訊，要從中挑出有價值的資訊，有時候甚至還要啟發孫正義，這絕不是一般人能做到的。而陸宏亮對於資訊的過濾能力，除了一部分來自天分，他也曾對資訊接收、處理的方法進行過總結，僅資訊「佔有」就有4種方法：

1. 閱讀法

透過快速閱讀文書、報刊等獲取資訊。運用此法注重一個「快」字，閱讀時不考慮其他事情，但要盡可能多接觸相關的資料。

2.捕捉法

利用電視、廣播、網路，甚至電話、會議等管道來捕捉資訊。運用此法要注意保持客觀的態度，聚精會神地聽，瞭解說話者的意思，把握其意圖。

3.調查法

從各項實際工作中收集資訊，要掌握調查方法，進行縝密的調查。一些全球出名的公司如美國電話電報公司、杜邦、IBM等都非常喜歡到最佳作業典範企業進行現場調查，理由是可以得到更為真實的第一手資料。

4.交換法

用你自己擁有的資訊與別人進行交換，以獲取對方的資訊。正如有人說：「你拿一個蘋果與別人交換蘋果，你只得到一個蘋果。但你拿一條資訊與別人交換資訊，那你就得到兩條資訊。」

孫正義也明白陸宏亮對於自己的幫助有多大，所以當他開辦自己的第一家公司——M Speech System Inc.時，第一個找的人，也是唯一的合夥人，就是陸宏亮。現在看來，孫正義的選擇無疑是正確的。後來，孫正義說自己挑選陸宏亮不僅僅因為他是自己的好友，而是經過一番慎重考慮的：「做生意一個人是不行的，但是，必須慎重選擇合夥人。」

選擇合夥人之前要明確自己合夥的目的，再分析對方的優缺點，綜合考慮選擇。找到合夥人並非就萬事大吉，還要經歷日後經營中的磨合期。創業者在挑選合作夥伴時要注重考察對方是否具有以下幾個特徵，以避免在日後的經營過程中產生重大分歧，不利於事業的穩定發展：

1. 志同道合

合夥人合作的最大基礎就是志同道合、目標一致。「志」指的是目標和動機，從廣義上講包括創業的動機、目標及創業者的規劃等諸多複雜的內容，動機方面可以是賺錢、揚名、實現理想等；「道」就是實現「志」的方法、手段，即經營理念和經營策略。擁有共同的目標和經營理念是合作的基礎。

2. 優勢互補

一個優秀的經濟聯合體不僅能夠為合作方能力的發揮創造良好的條件，還會產生一種新的力量，使各自的能力得到「1+1＞2」的效果。最成功的合作事業是由才能和背景各不相同的人合作創造出來的。

3. 德才兼備

重德輕才，往往導致與庸人合作；重才輕德，往往導致與小人合作。無論是庸人還是小人，與之合作註定會失敗。

4. 明確利潤分配

許多人合夥創業喜歡採取對半的權益分配方法，但這種方法常常因合作方意見不一而導致財務糾紛，無形中阻礙了發展。所謂「一山不容二虎」，創業也是一樣，決策權往往只能集中在一個人手裡，才能在眾人意見不一時做出最終決斷。否則，一旦開始贏利，衝突必定隨之產生，合夥人之間意見必然會有分歧，尤其是涉及金錢時，合夥人之間的矛盾可能會變得不可調和。

世界上成功的企業永遠有一個核心二人組，一個是狂想家，一個是實幹家。

做智慧企業：腦力激盪的八個要求

現在每個人先把自己的想法寫在白板上，然後再一起討論。

在軟銀，你很少在開會中途聽到關於一些問題的爭執，更多的是關於計畫執行、回饋之類的討論。不是軟銀管理層「出工不出力」，不願意與同僚爭執，而是幾乎所有重大問題都在孫正義主持的「腦力激盪」中解決。

腦力激盪法（Brain Storming），又稱智力激勵法、BS法。它是由美國創造學家亞歷克斯．奧斯本於1939年首次提出，1953年正式發表的一種激發創造性思維的方法。作為一種創新方法，腦力激盪法在《韋氏詞典》中被定義為：一組人員透過開會方式對某一特定問題出謀劃策，群策群力，解決問題。

就像岩石碰撞會產生火花，思想的碰撞同樣能夠激發創新的火花，腦力激盪便是一種智慧碰撞的討論方法。在自由的討論中，匯聚各種各樣的思路，大家各抒己見，才會產生更多的好方法。

腦力激盪法的核心是召開腦力激盪會議，奧斯本為腦力激盪會議制定了5條原則：

1. 庭外判決。過程中對所有的想法都不做任何的評價，不管是贊同還是反對，評價過程放到結束之後。

2. 數量為上。想法越多，產生好想法的機率越大。

3. 在規定時間內，不斷重複這個過程。每個人每次只提一個想法。

4. 當沒有想法時，就說「過」。當有人提出和別人相仿的建議時，主持人不要說「這個別人已經提過了」。

5. 提倡自己思考，不要私下討論，防止對別人的思維產生干擾。

這種方法適合於解決那些比較簡單、無嚴格確定的問題，比如研究產品名稱、廣告口號、銷售方法、產品的多樣化研究等，以及需要大量的構思、創意的行業，如廣告業。

孫正義是腦力激盪法的擁護者，而且他的方法更為獨特。孫正義會選擇一間不大的會議室，讓裡面坐滿與會者，營造一種「擠在一起」的氛圍，這樣也會讓討論進行得更熱烈一些。在腦力激盪開始前，孫正義一般會要求大家保持安靜，不准許交頭接耳，從別人那裡「竊取」想法。然後就是每人發一張隨時可以擦拭字跡的白板，讓大家在白板上寫下自己的想法。

為了更好地讓軟銀員工參與腦力激盪，孫正義對腦力激盪的過程提出了8個要求：

1. 參加會議的人員控制在10人左右，開會時間以半小時為宜。

2. 每次討論的問題不宜太小、太狹隘或帶有限制性，但討論時必須針對問題的方向，集中注意力。

3.主持人至少需提前10天通知會議主題，發言時不可照本宣科，會上不允許個別交談，以免干擾別人的思維活動。

4.在會上不允許批評別人提出的設想，禁止做出評論性的判斷。

5.不允許用集體提出的意見阻礙個人的創新思維。

6.鼓勵自由想像，提倡任意思考。哪怕是幼稚荒唐、不可能付諸實施、無任何價值的設想，都歡迎提出來。

7.要求每個人儘量改進別人的設想，或提出更新奇的想法。

8.與會者人人平等，沒有權威，沒有上、下級。

當問到為什麼選擇這8個要求的時候，孫正義表示無奈，因為日本人相對比較守規矩，但也容易在上司面前不敢發表相悖的意見，而透過上面的要求，就能破除一般會議加在人們頭腦中的無形枷鎖。

腦力激盪之後，孫正義會要求會議秘書整理出討論的要點和過程，然後把那些行不通的想法處理掉，選出好的想法，將這些優秀的點子進行分組，再透過一定的標準來選擇每組中的最佳點子。

不開放無異於等死

開放是我在美國學到的最重要的東西，絕不做頑固派。

邁克爾．桑德爾是美國著名政治哲學家，美國人文藝術與科學學院院士，在哈佛大學教授政治哲學，他的本科通識課程《公正：該如何做是好》備受年輕人的歡迎。30多年來，上萬名學生聽了他的課，這是哈佛有史以來聽眾最多的課程，選修人數曾創下哈佛大學的歷史紀錄。近幾年，這門課被搬上網路，讓桑德爾立即成為備受各國網友喜愛的學術明星，這門哲學公開課風靡全球，迄今為止已有1000萬人次點擊觀看。

不僅僅是這一門課，現在哈佛、耶魯、史丹佛、柏克萊、麻省理工等諸多世界級名校都在互聯網上開放了很多精品課程。按理說，對於哈佛、耶魯等名校而言，正因為其教育資源寶貴到稀缺的地步，所以全世界的學習者才趨之若鶩。現在它們公開了自己賴以吸引人的課程，不是等於自毀長城嗎？

從短期來看，這種說法好像有一點道理，因為手握稀缺資源是每個人的希望。但是從長遠角度來看，一旦某些菁英掌握資源而不與外界分享，最後的結局一定是社會敗退，菁英階層也會隨之消亡。下面這個故事，可以很好地說明這一道理：

一個精明的花草商人，千里迢迢從遙遠的非洲引進了一種名貴花卉，培育在自己的花圃裡，準備到時候賣個好價錢。對這種名貴花卉，商人愛護備至，許多親朋好友向他索要，一向慷慨大方的他卻連一粒種子也不給。

第一年春天，他的花開了，花圃裡萬紫千紅，那種名貴的花開得尤其漂亮。第二年春天，他的這種名貴花已繁育出了五、六千株，但他發現，今年的花沒有去年開得好，花朵略小不說，還有一點雜色。到了第三年，這種名貴花卉已經繁育出了上萬株，令他沮喪的是，那些花的花朵變得更小，花色也差很多，完全沒有了它在非洲時的那種雍容和高貴。

當然，他沒能靠這些花賺上一大筆。難道這些花退化了嗎？可是非洲人年年種養這種花，大面積、年復一年地種植，並沒有見過這種花會退化呀。他百思不得其解，便去請教一位植物學家。

植物學家問他：「你的鄰居種植的也是這種花嗎？」他搖搖頭說：「這種花只有我一個人種，他們的花圃裡都是些鬱金香、玫瑰、金盞菊之類的普通花卉。」

植物學家沉吟了半天說：「儘管你的花圃裡種滿了這種名貴之花，但毗鄰的花圃中卻種植著其他花卉，你的這種名貴之花被風傳播了花粉後，又沾上了毗鄰花圃裡其他品種的花粉，所以你的名貴之花一年不如一年，越來越不雍容華貴了。只有一種辦法可以改變現在情況，那就是讓你鄰居的花圃裡也都種上你的這種花。」

於是商人把自己的花種分給了鄰居們。次年春天花開的時候，商人和鄰居的花圃幾乎成了這種名貴之花的海洋——花色典雅，朵朵流光溢彩，雍容華貴。這些花一上市，便被搶購一空，商人和鄰居們都發了大財。

想要擁有名貴的花園，就必須讓自己的鄰居也種上同樣名貴的花。精神世界也是這樣的，如果不懂得和別人分享，就只能是孤芳自賞，甚至背上自閉與不通事理的罵名。

2007年1月，蘋果推出首款 iPhone，帶來了多項革命性的理念：首次採用多點觸摸介面，將鍵盤隱藏，尤其是對協力廠商「Web2.0」和各種應用程式的支援，使之成為依託在開發商網路基礎上的生態系統。

面對這個陌生對手的入侵，諾基亞本該在第一時間做出反應，但封閉和自大讓其反應遲緩。他們輕蔑地稱蘋果為「那個加州的水果公司」，在他們看來，這款智慧手機不過是在鍵盤和螢幕上增加了一些新的花樣而已。

然而，iPhone 與諾基亞以往推出的智慧手機有著本質上的區別，用賈伯斯的話說，「iPhone 重新定義了手機」。智慧手機是以應用商店來定義的，可以說應用軟體有多少，手機就有多「智慧」。iPhone 締造的是一種全新的生態系統，透過蘋果應用商店，讓內容提供者與用戶透過互聯網在蘋果的平臺上對接。

蘋果應用商店是世界上最大的應用平臺。蘋果將70％的收入給了開發商，開發商在這裡獲得的回報要比在其他平臺上高得多，因此吸引了更多有實力的開發商。

iPhone的智慧是一種群體智慧，它雖然「封閉」了自己的核心硬體和軟體，但對於協力廠商軟體始終是開放的，是開發商們聚集的平臺。從這個意義上講，它和亞馬遜的「網上超市」模式亦無本質的不同。蘋果的應用商店之所以能做到天下第一，靠的不是開放原始程式碼，而是一種與開發商共用繁榮的佣金制度。令人遺憾的是，諾基亞完全誤讀了iPhone帶來的革命性影響，對未來手機市場格局的改變更是缺乏想像。

面對蘋果發起的智慧手機革命，谷歌首先做出反應，聯合34家其他軟體發展商和電信營運商組成了「開放手機聯盟」，2008年10月，谷歌公佈了為這個平臺打造的開放原始程式碼作業系統——安卓（Andriod），用來對抗蘋果獨家擁有的iOS系統，谷歌公司深受歡迎的網路軟體如谷歌地圖、Gmail、網頁流覽器等被打包在內。三星是最早擁抱安卓系統的成員之一，也是Android手機第一生產商。

此時，諾基亞才開始有所動作，打算建立一個屬於自己的作業系統。也就是說在蘋果的iOS、谷歌的Andriod和微軟的WindowsPhone之外建立第四個作業系統。不幸的是，Symbian是一個過時的生態系統。該系統對觸控式螢幕、多媒體、新操作介面的支援都較差；在和互聯網的交互介面方面，更是具有先天的劣勢，代碼複雜，嚴重限制了協力廠商應用程式的開發。相對三星的快速跟進戰略，諾基亞排斥Android系統的做法是固執的，代價更是高昂的。

永遠不要將自己當作中心封閉起來，在互聯網時代，企業需要在開放的知識網路節點上建立一個讓協力廠商加盟的平臺，這一點尤其重要。

封閉、保守、獨享只會讓自己變得越來越小，而不是越來越大。只有堅持「開放共贏」的理念，才能真正滿足已經步入移動互聯網時代的產業環境和消費需求。

同樣的，孫正義也看到了軟銀的未來。也許現在軟銀領先同行，但是如果軟銀緊緊抓住手中的「秘密資源」，不與同行或後來者分享，那麼最終的結局一定是行業敗退，軟銀也將隨之走向沒落。所以，在軟銀，你經常能聽到的一句話就是：不開放，你是在等死嗎？

孫正義如何實施他的開放戰略？

面對同行，孫正義不會詆毀競爭對手，反而經常公開表達對對手的尊敬。

面對後來者，孫正義給他們提供培訓、資金，甚至與他們共用軟銀內部的技術資源。最大的驚喜莫過於軟銀開放智慧型機器人 Pepper 的周邊程式開發一事，這讓全世界的機器人愛好者興奮不已。

同時，開放還意味著多樣性，各種各樣的「生物」都能在軟銀找到合適的生存土壤。軟銀的多樣性主要體現在兩個方面：

1. 軟銀的業務範疇。孫正義在日本被稱為「日本先生 .com」，究其原因是軟銀集團已經龐大到幾乎佔據了日本電子資訊領域的各方面。美林證券的分析師認為，超過 70 % 的日本互聯網經濟都被孫正義掌控，以至於網友在網路上登錄的各種網址可以合稱為「日本先生 .com」。

2. 軟銀的員工構成。即使以軟銀的「大腦」——董事會為例，日本迅銷集團 CEO 柳井止、中國阿里巴巴董事長馬雲都是孫正義聘請的獨立董事，而這都是孫正義開放心態的體現。

量化管理，數字說話

我是一個數字化的人，數字從不會說謊。只有數字才能將紛繁複雜的事務簡化到本來的面目。

阿基米德曾經說：「給我一個支點，我就能撬動地球。」我們也可以說：「給我一組資料，我就能複製地球。」

為什麼這麼說呢？資料到底能告訴我們多少資訊？

在回答這個問題之前，不妨這麼假設一下：現在我們正在野外的一塊空地上挖掘，突然我們挖出了一個不明物體，這是一個規則的長方體。我們手上唯一的工具是量尺，現在我們量出了它的長、寬、高，也就能夠算出它的體積。接著，我們發現這個長方體實際上是一個實心的大金塊，那麼根據黃金的密度我們可以算出它的品質，並根據當前黃金的價格給其估價；如果我們發現這塊金塊是貴重的文物，卻不知道具體是什麼時候的，我們可以把它帶到實驗室對它做碳14鑑定，瞭解它具體製造於哪一年，進而推測是誰製造的，這中間又發生了哪些故事，等等。

從一開始我們只知道它是一個長方體到後來我們掌握它的來龍去脈，整個過程中我們是如何增加對它的認識的？其實，我們只是逐步採集到了這麼一些資料：

1. 這是一個長方體；

2. 這個長方體的長、寬、高；

3 我們已知的知識告訴我們：體積＝長×寬×高，品質＝體積×密度，黃金的密度＝19.3克／立方米，由此得出物體品質；

4. 由當前的金價，我們可以計算出這塊金塊值多少錢；

5. 碳14的半衰期為5700年，計算出這塊金塊的碳14含量，就知道它製造的年代。

…………

這一過程中，我們採集到的具體資料越來越多，最後得到的資訊也越來越多。我們採集到的資料多少，決定了我們對它的描繪精細與否。對一塊金塊是如此，對這個地球同樣是如此。當我們掌握的資料足夠多，多到足以完美描繪這個地球的任何一個特徵，我們就能夠將地球資料化。同樣，我們採集到一個人的資料足夠多時，就能很好地用資料描繪這個人。

由此可見，一切皆可數字化。

很多傳統觀念告訴我們，有些東西是可以量化的，而有些東西不能夠量化。比如，一個書法家每天寫了多少字是可以量化的，數字數位化就知道了，而寫字的優劣是沒辦法量化的，因為每個人欣賞眼光不一樣；一個魚缸裡有多少魚是可以量化的，而整個地球的海洋裡有多少魚是無法量化的，實在沒辦法去估算。現在，需要轉變這個觀念。

只要能夠找到觀察問題的方式，並從一個新的角度去衡量它，不管從這個新的角度衡量它到底精準度如何，只要它能讓我們知道得比以前更多，那麼它就是一種可行的量化方法。實際上，對那些看似不可量化的東西，人們總能找到相對簡單的量化方法。

一個不懂得量化管理的人，經常會這樣說出自己的困惑：

我怎麼知道產品受不受歡迎？

我怎麼知道產品宣傳效果好不好？

我怎麼知道主要用戶是哪類人群？

我怎麼知道產品的使用者體驗如何？

答案是：透過資料。

沒有資料的營運，是少了一隻眼睛的美女。因為在營運前期的 User Story 建構，導流量，產品回饋，使用者調查，一切的一切都是在「規劃」的指導下進行。這個規劃很美好，很理想，也很想當然。因此營運需要用事實來證明這個想法不只是空中樓閣，這個事實就是資料。

資料中隱藏著大量的資訊，使用者的日活躍、月活躍、留存度、版本活躍度等可以反映前期各種營運手段的效果；各個功能的使用資料，可以告訴你使用者體驗和習慣；想知道產品的性能，可以去看程式的崩潰點、運行效率等。這些資料類型也正是微信營運中最關注的，比如性能資料就是騰訊在資料營運上極看重的。在馬化騰看來，不只是微信，騰訊任何產品在技術方面的失敗都會讓一個產品死掉，因為支撐優秀用戶體驗的基礎是優秀的技術。

「營運真的不能再出問題了。IDC和應用抗故障兩方面都要加強，否則功虧一簣。」這是2007年QQ郵箱時常出現運維故障後馬化騰發出的感慨，現在，騰訊透過核心的系統和業務資料異常波動來發現問題。

亞馬遜的貝索斯是一個極度推崇「用戶中心」的人，因此他也是一個極關注資料的人。據說，亞馬遜一天會用幾百種不同的演算法來為使用者推薦商品，並從中分析用戶反應。

也許很多人都沒有關注過亞馬遜首頁上的一個細節：購物車原本在左邊，後來移到了右邊。這是頁面設計師的審美變化嗎？不是，這是亞馬遜透過分析用戶使用購物車的習慣，透過試驗結果得來的資料優化UI設計。

一項健康的產品和一個健康的人一樣，有各種指標。基於資料說話會讓你的營運更有底氣，因此我們要定期，每天、每週、每月都給產品做體檢，分析它的各方面資料指標。在亞馬遜，沒有資料支援的提案通過機率低到可以忽略不計。聽說那裡員工的口頭禪不是「我認為」，而是「資料認為」。

在軟銀，不論是產品管理、季度總結、願景闡述、日常報告，你都不會見到「很好、一般」之類的描述，有的只是數字。

比如業績考核。在軟銀，不論是誰的彙報都必須以資料作為支撐，僅僅是一句「相較於昨天增加了600名用戶」或者「同比增長5％」，是完全不夠的，一定會被上級追問到底，否則就是送到孫正義手中也會被發回重做。

孫正義首先會問「這個月的法定工作日是多少天」，因為天數的不同會引起員工業績的很大起伏；其次會逐天詢問增減情況，尤其是節假日與正常工作日之間的區別；然後才會關注兩個月之間的對比結果；最後則需要員工預設下個階段的目標數字，下一次報告時將兩者進行對比，超額完成自然有獎勵，沒有完成目標就需要深刻反省自己。

孫正義對於數字的癡迷，最直接的體現是他提出的「找到產品的1000項要素」。孫正義要求下屬對特定產業的1000項指標進行圖表化，從而使人對產品的各方面情況一目了然。他甚至認為檢查項目可以增加到1萬個。

軟銀集團作為一家巨無霸型企業，每時每刻都有不同的活動在進行，也許這個部門剛剛就雅虎寬頻的銷售進行促銷，另一個部門就急著使用場地進行蘋果手機的展銷會。面對如此繁多的活動，該在什麼時間、什麼地點，採用什麼樣的方式才能取得最好的宣傳效果？孫正義習慣以數字為指導原則，透過對比數字，優化出最佳方案。

譬如要進行一場關於雅虎寬頻的促銷活動。孫正義會要求員工先進行以下工作：

1用戶的構成調查。透過對海量使用者資料的歸類整理，最終發現年輕人佔據絕大多數，那麼這場活動的理想地點一定是在東京澀谷（日本潮流文化中心）之類的地方。

2選擇合適的時間。一般情況下，都會選擇在上班族休息的週末進行。但即使是這樣，孫正義還是會要求對比出週六好還是週日好，甚至需要說出準確的時間，譬如下午1點到3點。

經過調查之後，這場活動會確定時間地點，「週日下午 1 點到 3 點在澀谷進行的促銷活動」。這就是孫正義透過資料對比指導活動的流程。

透過引入數字量化管理模式，孫正義讓軟銀和旗下上千家公司從紛繁複雜的管理要素中跳脫出來，用一組組簡潔明瞭的資料忠實地診斷自身發展狀況。這樣不僅能讓孫正義對旗下每個公司都瞭若指掌，而且為他節省了大量時間，否則根本不可能同時處理那麼多的事情。

軟銀堅決辭退任何不會用數字說話的員工。

Soft Bank

第七章 人才絕不能成為未來的窪地

我一直都想在60歲的時候退休，把權力交給接班人，這樣我會有更多的時間陪伴家人。不過我知道這個目標並不是那麼容易實現，要找到孫正義2.0，這個過程是不可能一蹴而就的，不過哪怕是等上10年我們都會願意。

眼神決定高度

你的眼神不錯。

如何招聘、選拔自己認可的人才，是每個企業管理者都頭疼的問題，因為不管是怎樣完備的考察系統，總會有遺珠之憾，也會有濫竽充數的人被挑中。與一般企業家不同，孫正義在選拔人才時有一個自己的小妙招，那就是觀察應聘者的眼神是否有神。

在眾多因為「眼神很好」而被錄用的軟銀員工中，簡井多圭志是最富傳奇色彩的一位。在很多人眼中，簡井多圭志完全是一個不折不扣的「怪人」，因為他性格古怪，做事方式也很粗暴，穿著更是不修邊幅，常常穿著睡衣就出門，再加上思想比較前衛，很多人都把他當作怪胎，避之唯恐不及。

孫正義卻是拚了命地想挖到簡井多圭志，因為除了上面這些怪癖之外，簡井多圭志還是一位專門研究 ADSL 技術的「極客」（意為高科技迷）。每當談起 ADSL 技術或者其他有關電腦的內容時，簡井多圭志都會變得很興奮，完全沒有平時的佝僂形態，眼睛散發著光芒。這正是孫正義最看重的地方。

為了得到簡井多圭志，孫正義下血本買下已經陷入經營危機的 ADSL 服務商東京 Metallic 公司，而這家公司正是由簡井多圭志等幾位 ADSL 技術研究人員合辦的。這樣一來，孫正義就成功地讓這個「眼睛很有神」的科學怪人成了自己的雇員。

為了顯示自己的誠意，孫正義讓初來乍到的簡井多圭志作為寬頻項目的負責人。這一決定遭到其他員工的強烈反對，因為他們覺得簡井多圭志是個新兵菜鳥，而且看起來很怪。不過最後孫正義力排眾議，依然讓簡井多圭志擔任負責人，哪怕是其他員工以辭職相威脅他也堅持這麼做。事實也證明孫正義看人之準，軟銀寬頻在簡井多圭志的帶領下，一路攻克了眾多技術難題，為軟銀寬頻的推廣打下了厚實的基礎。

其實從科學研究的角度也可以找到孫正義「眼神論」的依據。英國人類學家戴斯蒙德·莫里斯在《人體秘語》中談到了關於人的眼神的理論。莫里斯將人的眼睛比喻成「最複雜的攝影機」，他認為，即使是一閃而過的眼神中也包括萬千資訊，包含著豐富的情感，能夠將隱藏在內心深處的秘密透露出來，無論是目光的轉動，還是眼皮的張合運動和視線的移動、頭眼之間的配合，無不傳遞著資訊。

在人際交往中，人與人的目光接觸對資訊的傳遞有著非同尋常的作用，因為不同的眼神能夠反映出交往者不同的心理，所表達的心理效果自然也不相同。舉個簡單的例子，一個不善交流、內向，甚至略帶自卑的人在與人交流時，視線一般不會完全集中在對方身上，或者一旦發現別人的眼神與自己交會便馬上轉移自己的視線；而一個始終將目光集中在對方身上的人必然是一個自信、積極主動的人，他的傾聽更為真誠，也表達出尊重和理解的情感。

因此，一般眼睛有神的人，屬於精力比較旺盛，做事比較積極自信的類型，換句話說，是自燃型的人。所謂自燃型，就是排除私心、充滿激情地主動做事，同時給予別人正面的帶動和感染。自燃者大多積極主動，絕不是機械地等待別人吩咐才行動的人，他們擁有自己的理想和自發的強大動力。

當然，觀人眼只是看人的一部分。中國古人也曾留下看人識才的經典方法，也就是「八觀六驗」。

所謂的「八觀」，說的是：

1在他通達、過著很順利的日子時，要注意看他禮遇的是些什麼人；
2在他顯貴、發達時，要注意看他舉薦些什麼人；
3在他富貴時，要注意看他供養、收養些什麼人；
4在他聽取意見時，要注意他將採取些什麼行動；
5在他閒暇無事時，要注意看他有什麼喜好和嗜癖；
6在與他探討問題時，要注意他說些什麼話、怎樣說話；
7當他貧窮時，要看他不接受什麼東西；
8當他處在下賤階層時，要看他絕對不做什麼事情。

「六驗」的具體意思是：

1當他高興時，要檢驗他什麼地方沒有過分的表現、所守的事情沒有因此而開放；
2當他快樂時，要看清他的癖好；
3當他發怒時，要看清他的節制，能否保持理性；
4當他恐懼時，要看清他是否保持著足夠的自制力；
5當他哀傷時，要看清他為何哀傷，透過這種哀傷能否看到他的仁慈之心；
6當他處於苦難當中時，要看清他這時所秉持的始終不渝的志向。

不管是「眼神論」，還是「八觀六驗」，核心觀點都是「不拘一格降人才」。不管是怎樣的「奇人、怪人、瘋子」，孫正義都不會因為人才的外在而先入為主地排斥人才，畢竟，孫正義自己就一直被人稱呼為「怪人」「瘋子」。

肯定努力的人，讓扯後腿者心生恥感

如果不鼓勵優秀的人，不貶斥落後的人，長期下去，團隊就會失去追求卓越的動力。

在日本，很少有員工會持有所在公司的股票，而軟銀卻有不少管理層甚至普通員工持有軟銀股份。這一點讓軟銀的員工在經濟上和公司有了更深的瓜葛，主人翁意識也就隨之提升。不是其他日本企業家想不到或者捨不得，而是日本社會比較反對這樣的做法。向來特立獨行的孫正義卻不管外界的看法，硬是把自己的股份無償送給了一些優秀員工。面對質疑，孫正義說：「我不能辜負努力的人。」孫正義的做法不僅能夠激勵優秀員工，更能刺激到抱持無所謂態度，整天不思進取的員工。

這背後是對人性的洞悉與把握。

人與人各自不同，但又有相同之處。根據調查，不管人的地位、財富、受教育程度等背景是否相同，只要將超過40個人放在一起，他們會自動分化為開創者、主動者、隨大流者、懶惰者4類。換句話說，用40個博士和40個文盲進行分組對比，你會發現每組裡面都有這4類人，而且比例大致相仿。同樣，在軟銀也分佈著這4類員工。到底各類員工是怎樣的，他們的特質又是什麼呢？先看下面這個故事：

有一天，佛陀開示弟子們道：

「世間有4種馬：第一種良馬，主人為牠配上馬鞍，駕上轡頭，牠能夠日行千里，快如流星。尤其可貴的是當主人抬起手中的鞭子，牠一見到鞭影，便能夠知道主人的心意，迅速緩急，前進後退，都能夠揣度得恰到好處，不差毫釐，這是能明察秋毫、洞察先機的第一等良駒。

「第二種好馬，當主人的鞭子打下來時，牠看到鞭影不能馬上警覺，但是等鞭子打到馬尾的毛端，牠也能領受主人的意思，進而奔躍飛騰，這是反應靈敏、矯健善走的好馬。

「第三種庸馬，不管主人幾度揚起皮鞭，見到鞭影，牠不但遲鈍毫無反應，甚至皮鞭如雨點般揮打在皮毛上，牠都無動於衷。等到主人動了怒氣，鞭棍交加打在結實的肉軀上，牠才能有所察覺，按照主人的命令奔跑，這是後知後覺的庸馬。

「第四種駑馬，主人揚起了鞭子，牠視若無睹；鞭棍抽打在皮肉上，牠也毫無知覺；等到主人盛怒，雙腿夾緊馬鞍兩側的鐵錐，霎時痛刺骨髓，皮肉潰爛，牠才如夢初醒，放足狂奔，這是愚劣無知、冥頑不化的駑馬。」

良馬和好馬就是企業中表現積極的人。庸馬和駑馬是生活中許多平庸者的生存寫照，他們總是抱怨老天對他們太苛刻，太不公平，抱怨企業沒有為他們提供更好的舞臺，給他們施展才華的機會。

庸馬和駑馬對應的就是扯後腿、抱怨、懶散的員工。面對他們該怎麼辦，這是每一個企業管理者都要面臨的問題。有的企業家採取比較「簡單粗暴」的辦法，譬如直接開除。「暴力手段」能夠解決問題，但也會導致新的問題，那就是員工表面服氣，心眼裡不服，而且「道高一尺，魔高一丈」，耗費心神在與員工鬥爭上必然是雙敗的結局。

社會學家橫山寧夫在他的著述中曾提出「最有效並持續不斷的控制不是強制，而是觸發個人內在的自發控制」這一觀點。後來，許多管理者根據橫山寧夫的理論總結出了「橫山法則」，這成為激發員工主動性的有力武器。

橫山法則向管理者揭示了一個提高管理效率的秘密：讓員工自發管理才是最有效的管理方式。也就是沒有管理者要求、強迫，員工就能自覺而且出色地完成自己的工作。

為了讓員工從內部燃燒自己，孫正義制定了一整套有效的激勵制度，他認為，最重要的就是瞭解下屬的需求。那麼，該如何根據需求來調動積極性？在下屬的工作能力範圍內，分配一些有難度、有挑戰性的任務，這會讓他們覺得自己有能力勝任這份工作；提供一些新鮮有趣的任務讓他們研究，這能夠滿足人天生的好奇心；給任務加些理想主義色彩。雖然管理者的任務是幫公司贏利，但也要讓下屬覺得他們為世界變得更加美好做出了貢獻，哪怕只有一點點；讓下屬對處理自己身邊的事情有一定的許可權，管理者要聽聽他們是怎麼想的，並且幫他們把想法變成現實；避免給同一個人安排重複性的工作，多變可激發幹勁。

帶隊的人可以把這些原則寫下來，張貼在對自己來說醒目的位置，每週甚至每天檢查一下自己是否做到了。一旦這些管理原則成為你根深蒂固的思想，好的管理手段和管理效果就自然而然產生了。

其實，孫正義的這一措施實施得並不順利，因為鼓勵優秀員工、貶斥懶散員工與日本追求平均的文化相悖。在日本，由於傳統文化和教育的原因，向來鼓勵「大家一樣、不分先後」的平均文化。這樣的文化不僅致使企業員工更願意隨大流，不思進取，就連小學生體育比賽都不願意分出勝負，一直造就一種「大家都是平均的」的幻覺。

孫正義對於這種想法很反感，他覺得如果不鼓勵優秀的人，不貶斥落後的人，長期下去，團隊就會失去追求卓越的動力。所以，很有必要採取非常規手段加以鞭策。西方管理學的「熱爐法則」認為，企業應當製造一種制度環境，當下屬在工作中違反了規章制度時，要像去碰觸一個燒紅的火爐一樣，讓他感到「燙」：

1. 即刻性。當你一碰到火爐時，立即就會被燙傷。
2. 預先示警性。火爐是燒紅擺在那裡的，你知道碰觸則會被燙。
3. 適用於任何人。火爐對人不分貴賤親疏，一律平等。
4. 徹底貫徹性。火爐對人絕對「說到做到」，不是嚇唬人的。

管理者必須兼具軟硬兩手，既懲罰扯後腿的員工，也要大力肯定做得好的人。肯定員工包含以下內容：將每個人的工作內容公之於眾，無論業績高低；讓優秀員工有機會參與公司重大決定的討論；在公開演講中，經常提及優秀員工的名字；公開展示顧客對某些員工的感謝信；把成功的功勞歸功於副手；經常跟骨幹說，你真棒，我不能沒有你，等等。

對優秀的人不吝嘉獎，其實也就將扯後腿的人晾出來，讓他有一種落後挨打的恥辱感。「知恥而後勇」，讓落後的人感到臉紅，他們才能自己動起來。

新「阿米巴」治癒大企業病

這一次，我要徹底治癒日本的大企業病。

大企業病是一個世界難題，所有做大了的公司都應該擔心自己是不是患上了大企業病。發展起來的軟銀也不可避免地患上了這種病。軟銀從最初幾個人的小公司變成幾萬人的大企業，又是無數的第一在身上，伴隨而來的則是公司層級增加，出現大公司病，妨礙了企業創新。10年前要見孫正義，直接給他本人打個電話就行，10年後再見到孫正義，中間要經過很多程序。恐龍腳上踩一根刺，幾個小時以後牠的腦子才能反應過來，這樣不管你長到多大，都會滅絕。

究其原因，孫正義認為如今的員工很可能覺得軟銀是個大公司，一旦能夠進來就能很輕鬆地拿高薪；而老員工也失去了創業初期的激情，開始逐漸變得懶散。

儘管業界不少人都致力於研究這一問題的解決辦法，仍沒有一個明確的途徑。所以當孫正義真的宣佈自己要親手治癒軟銀「大公司病」時，員工都為之一震：孫正義的本事固然非同一般，可要真正祛除在日本國內普遍存在的「大公司病」絕非易事。對於孫正義的這一想法，公司上下紛紛給出否定回答：「這樣的頑疾我們是不可能治癒的！」

要想解決這個問題就必須找到一個突破口，給團隊指出一個明確的努力方向。經過分析，孫正義發現自己的員工主要存在兩個問題——沒有危機意識以及缺乏對成功的迫切渴望。所以孫正義頒佈一系列整頓公司懶散氛圍的措施，同時對公司高層進行調整。

但這些還都只是表面文章。最終，孫正義在公司內引入了前輩稻盛和夫先生的阿米巴管理方式。先將公司全體員工按固定人數分成若干小組，選定小組負責人，小組內產生的問題由組員討論解決，無法解決的問題由負責人及時上報，並由管理層在兩個工作日內給出答覆。小組的業績實行每日上報，由專職部門負責收集，公司定期對小組業績進行考核，考核不合格的小組立即解散，負責人及組員併入其他小組。

孫正義認為，「阿米巴組織」有三大好處：

一是不會有賦閒的員工，可避免浪費過多的人力資源；

二是組織的擴散力強，員工的相互溝通頻繁，員工的進取力增強；

三是能夠培養出更多優秀並且有潛力的員工，為企業的領導階層儲備後備人才。

Semco是巴西一家大型集團公司，CEO叫里卡多．塞姆勒。塞姆勒在1980年從父親手裡接過了公司，並進行了大刀闊斧的改革，包括裁員60％和進行大量的戰略併購。一系列舉動讓Semco有了大的轉變，和所有的大型工業化公司一樣，組織關係也變得十分高效，但是塞姆勒並不滿意。他覺得員工對自己的工作不感興趣，而且彼此之間的關係糟糕。大量的工作也讓塞姆勒的健康每況愈下。用他自己的話說，他在想一種方式能夠「不必花費精力監督員工什麼時間上班，去掉那些繁文縟節的規定和人為的瑣事，以一種更簡單、更自然的方式經營公司」，最終他找到了方法：不控制，讓系統自己運作。

塞姆勒從小事情開始實踐他的設想，比如他將差評不斷的員工餐廳交給了員工自己來管理，結果不再有人抱怨；他還讓員工自己決定上下班時間，以應對聖保羅市糟糕的交通狀況。漸漸的，這種民主式的管理被擴大到了各個方面。

在 Semco，員工的薪水都是由他們自己來決定的，允許在全公司平均水準的基礎上加 10%，包括資金也是。公司利潤的 25% 屬於員工，但是由員工自己決定該如何分配這筆錢。Semco 的員工權力甚至大到可以決定公司從哪些業務中退出或者進入，投票選舉公司的領導人。在這裡，公司的五年計畫公告、組織結構圖都被取消了，員工只需要看一本薄薄的員工指南，裡面是對 Semco 管理方法的介紹。

這種挑戰傳統企業管理的做法當然受到了很多質疑，其中最多的是關於公司組織會失控的質疑，但事實證明塞姆勒的方向並沒有錯誤。他的這種管理方式讓公司的員工非常團結。1990 年，巴西經濟面臨著十分嚴峻的形勢，Semco 和其他許多企業一樣不得不考慮裁員。由於長期民主式管理，員工們對於公司的狀況都有透徹的認識，因此他們不但沒有在面對裁員時感到不安，甚至還有人主動要求被裁員。

事實還證明，Semco 公司不僅沒有失控，而且就算掌舵人缺席，公司也依然運轉良好。2005 年，塞姆勒遇到車禍，生命垂危。他不得不為了接受手術而離開公司好幾個月，但是公司的運轉沒有受到絲毫影響。事實上，在公司10年，這位「甩手掌櫃」從來沒有給自己設立一間辦公室，而且他經常兩三個月沒有出現在公司裡。

稻盛和夫創立的阿米巴，就是劃分小團隊，明確職能的一個很好的經營方式。「阿米巴」是將企業分成一個個小組織，形成的最小基層組織，也就是最小的工作單位，一個部門、一條生產線、一個班組甚至到每個員工。每人都從屬於自己的阿米巴小組，每個阿米巴小組平均由十二、三人組成，根據工作內容分配的不同，有的小組有50人左右，而有的只有兩三個人，然後再確認每個小組的職責。

每個阿米巴都是一個獨立的利潤中心，就像一個中小企業那樣活動，雖然需要經過上司的同意，但是經營計畫、實績管理、勞務管理等所有經營上的事情都由他們自行運作。每個阿米巴都集生產、會計、經營於一體，再加上各個阿米巴小組之間能夠隨意分拆與組合，這樣就能讓公司對市場的變化做出迅捷反應。

與稻盛和夫的「阿米巴」經營不同，針對需要上報的業務報告，孫正義要求員工在報告中列出詳細的指標。以往在做這些工作時，通常會列舉十幾種指標，最多也不會超過100種，而現在，孫正義對員工的要求竟然是至少1000種。為什麼非要是1000種？

軟銀的目標是要做到最好。如果十幾項就可以表述清楚，當我們列舉到幾百項時就可以把業務狀況表述得更細緻，當列舉到上千種時就足夠把每一項指標都細化到極限，這樣一來即使業務中存在極其細微的錯誤也能很輕易地被發現。

實現這個「不可能做到的任務」後，軟銀開始出現變化，能夠在隨時保持健康和活力的同時修補偶爾出現的漏洞。孫正義將一個在旁人看來不可能完成的任務做到了極致。

如何創造平臺催生接班人

我願意等上10年，只要能找到孫正義2.0。

幾乎每家公司都會遇到接班人的問題，已經打上孫正義烙印的軟銀想要平穩地交接班，並不是一件容易的事情。有的公司採用聘請專業經理人的方式，有的企業採用家族成員繼承的方式，而孫正義的辦法是專門成立一家以培養軟銀接班人為目的的學校，發掘潛在的接任者。

尋找接班人並非易事，聯想創始人柳傳志曾說起他在選擇接班人時的經歷：

「人的因素最要緊，人的考察難度最大，選擇人要看『前臉』也要看『後腦勺』，就是說要看他在你面前做了什麼，也要看他在你背後做了什麼。如果我真是打算把誰往更高層次去用的話，考察的時間一般會很長，從多方面去瞭解這個人的德行。比如如何對待同事，對待家人，對待一般人，甚至吃飯時如何對服務員，各個方面的態度。德的方面：要有事業心，對公司負責任，對員工負責任。然後看他的學習能力。真的重用的話，得觀察兩三年，但是兩三年以後，並不見得機會就到了，等到機會合適的時候再起用。」

孫正義又是如何處理接班人問題的呢？2010年6月舉行的軟銀股東大會上，孫正義面對上萬名軟銀員工及股東說：「今年是軟銀成立30周年，我們將會舉辦一場別致的慶祝會。更為重要的是『軟銀 DNA 計畫』終於將在下個月拉開序幕。」所謂「軟銀 DNA 計畫」開始，意味著謀劃多年的軟銀學院終於成立。

同年7月28日，東京汐留軟銀總部大廈25層，孫正義面對臺下坐著的300名「學生」激動地說：「歡迎大家，你們是軟銀學院招收的第一批學生，未來你們就是軟銀帝國的掌舵人。」

為了保證找到最適合的那個接班人，孫正義沒有把眼光局限在軟銀內部，根據他的設想，每期300名學生中有270人來自軟銀內部，30人來自社會各界，不限出身、背景。即使在軟銀內部，報名也不受職位、地域的限制，任何軟銀人都可以報名，哪怕是門口站著的迎賓員也一樣。

接下來就是如何考核遴選的問題。對於這個問題，常見有6個方面標準：

1 共同信念和價值觀標準；

2 忠誠與犧牲精神；

3 審時度勢、獨當一面的指揮能力；

4 組班底、建隊伍的管理能力；

5 團結多數、使集體成員通力合作的協調能力；

6 孜孜不倦、吐故納新的學習能力。

孫正義的選拔標準較為籠統，他說：「我希望接班人繼承的是創新精神這一本質，而不是在方法上因循守舊。」

如何能培養出具備開拓創新精神的繼承者，軟銀學院顯然要頗費點心思了。

在軟銀學院，孫正義的案例或者語錄不是絕對的標準，教授們採用批判的態度對待孫正義的真實案例。每週三，300名學員聚集在一起，以個人、小組等方式探討企業經營中會遇到的各種難題，而且每次課程後都會進行考核，每半年會淘汰掉排名靠後的10%。

具體的上課方法是大家在一起討論一個常規話題，譬如企業遭遇信譽危機時該怎麼辦。討論結束後，對比軟銀的真實案例出來再討論，每個人都要上交一份分析報告。

最後軟銀學院會讓孫正義來講述當時他是如何做出反應的，以及這樣做的原因和後果。之後，每個人還會面對軟銀學院的教授進行一次5分鐘的演講闡述，學院的老師會依照個人表現打分。表現不好的人自然是被淘汰，新的學員補充進來，而表現好的人則需要繼續學習，甚至需要和孫正義一起進行一場沒有休息的7小時商業沙盤演練，最終最出色的人將會被孫正義挑中選作接班人——而這意味著身家瞬間達到上億美金，管理的資金將超過上千億美金。

軟銀學院的培訓流程是孫正義一手打造的，培訓方法也是他多年經驗的總結。

除此之外，孫正義在培養接班人方面還積極汲取同行們的優秀經驗，如「4個e和永恆的e」。

4個e分別是「前瞻」（envision）、「實施」（execute）、「激勵」（energize）和「果斷」（edge）的英文首字，E則是「道德」（Ethics）的英文首字。這一標準要求員工在激烈競爭的商業環境中，要有遠見和創新精神；激勵自己和領導團隊達到目標；迅速行動，以結果為導向；在複雜情境中勇於決策，敢於冒險；在商業活動中堅守道德，包括對人保持不變的尊重和操守完美，誠信。

人力資源部門提供「領導人才標準評估服務」，具體包括180度或360度的評估、評估報告分析、制訂個人培養計畫、後續輔導等部分。這樣可以使每個人清晰地認識自己的能力和在組織中的位置，系統地制訂自己的長期職業規劃，開發個人發展計畫。

如今的軟銀學院運轉良好，300名依然在訓的「學生」中，有軟銀的各層管理者、軟銀之外的成功企業家，甚至還有學者。至於前幾期學生中被淘汰的人，也有了更好的去處，因為軟銀投資了上千家企業，這些軟銀學院的學子正好可以派上用場。

透過這種方式，孫正義也許在短期內難以發現優秀到可以做繼承者的人，卻會尋找到很多有能力帶領一家公司的管理者。

新員工的批評也要聽取

企業管理者最重要的就是有一雙傾聽的耳朵，要能聽見正確的批評，並且接受，哪怕是剛進來的新員工的意見。

孫正義曾經在推特上寫過這樣一句話：正確的批評使我進步，錯誤的批評增強我的耐受度。

從這句話不難看出孫正義是個樂於接受他人批評的領導者。

事實也的確如此。孫正義不僅透過各種方式徵求意見、搜集看法，而且還會在制度上和措施上鼓勵大家獻計獻策，對於正確的意見及時採納，對於突出的想法給予獎勵。因為如果下屬煞費苦心提出的寶貴建議，領導者根本不認真對待，這就會嚴重挫傷大家的積極性，以後也就不會再有人那樣熱心了。

不過，剛開始實施這些方法的時候並不順利，日本社會比較反對太有個性的人，進而導致有些人把「人和」定義為不吵不鬧，企業中很容易出現沒有反對意見，開會一致通過等現象。管理者一般不願看到下屬之間發生爭端，同樣他也不喜歡下屬反對他的意見。如果有四、五種意見提出來的話，他會感到不知所措，而後也不過說：「今天很多很好的意見被提出來了，因為時間關係，會議暫時到此結束，以後有機會再慢慢討論。」想盡辦法去追求「人和」，卻恰恰忘了很重要的一件事：一致通過的意見不見得是最好的。

孫正義是這麼看的，身為領導者，撫慰、禮遇下屬就必須捨得花時間聽一聽他們的怨聲，不滿並不意味著不忠。一般人認為對某一事情不滿的人一定對公司、管理部門充滿怨恨，這是極為狹隘的看法。

從心理學來說，情緒化的人喜歡發表意見、支配別人，他們的驕傲、自尊與正義感容易受到感情的支配。實際上，許多人都會鼓勵對方釋放長期壓抑的怨氣，在一吐為快後，他才能以平靜的心情來做自己的事情。

對這樣的下屬就需要傾聽。心理學中的傾聽實際上並不單指「聽」，而是指使用各種技巧，「聽」出對方講的事實、體驗的情感以及持有的觀念。在聽的時候，上司得全身心地投入，關注對方的非言語行為，如肢體語言、面部表情，透過感受對方聲音的抑揚頓挫去體會對方的感情，從而聽出對方的弦外之音，無聲之音。

此外，也得在聆聽對方時注意自己的面部表情。心理學家建議，首先不管對方的情緒如何，要避免目光逼視，避免目光四處遊走不定，目光最好也不要顯示與述說者過於親密。

許多管理者能夠完整地聽完對方的話，不打岔不抱怨，但那並不見得就是真正的傾聽。若是出現以下這些情況，就是虛假的傾聽：

1. 尋找區別。管理者在聽下屬說話的時候，挑出話語中那些自己認同的和不認同的部分，聽到認同的就點點頭，聽到不認同的就說「是這樣……但是……」。這樣的聆聽者並沒有真正去理解對方的話。

2. 自說自話。這類管理者完全贊同說話者，但他們只是單純聽對方說話，對方說完之後，他們會繼續說自己的話。而在對方說話的時候他們考慮的是自己接下來要說什麼。

3. 只抓部分。說話者提到的某一點突然讓管理者產生了一個想法，然後管理者開始深入考慮這個想法，完全不顧說話者說的其他東西。不管管理者的這個想法是否有作用，事實上這並不是真正的傾聽。

4. 口頭同意。不管說話者說了什麼，管理者總是先安撫對方，口頭上接納對方的意見或者表示同情和理解，但是他們實際上並不贊同對方的觀點，更有甚者心思完全沒有放到對方說的話上。

為了避免犯上面的錯誤，孫正義採用自我反省的方式來讓自己做到不固執己見。他曾在推特上寫道：「一年過去了，我在這一年做了155件『應該反省』的事情。」要做到聽取他人批評，反思自己，可以嘗試做到以下6個方面：

1. 對身邊發生的事情，常思考它們的因果關係；

2. 對做不到位的執行問題，要找出它們的根本癥結；

3. 對習以為常的做事方法，要有改進或優化的建議；

4. 做事情要養成有條不紊和井然有序的習慣；
5. 經常找幾個別人看不出來的毛病；
6. 自己要隨時隨地對有所不足的地方補位。

Soft Bank

第八章 執行至上：接到電話立刻衝上去

我們有重點，我們只把重點放在資訊技術產業上。因此過去20年的每一天，我唯一想的就是資訊技術。我的知識已經儲備好了，包括行業、技術、人員等方面的知識。所以只要看到項目，我就能在第一時間判斷它是否具有可操作性。

企業只需要一個思想家

一個是三流的點子加上一流的執行，一個是一流的點子加上三流的執行，我的選擇是前者。因為沒有執行，再好的點子也只是點子。

小時候有個大夢想，是件最平常不過的事情，這是每個人都曾有過的「無知歲月」。孫正義之所以能夠實現他那些看似高難度的夢想，靠的就是他的執行力、行動力。

「當你下定決心，開始動手的時候，你已經成功了一半。」

而最能體現孫正義「三流點子，一流執行」的就是他的「靈感銀行」，他靠著最普通的詞彙，做出了眾多發明，不僅養活了自己，還養活了當時還是女友的大野優美。

當時，孫正義每天花費5分鐘，想出3個最普通的詞彙，然後記在本子上。經過大半年的累積，孫正義留存了幾千個詞彙。面對一堆紛繁複雜、毫無頭緒的詞彙，怎樣才能變成一個個實在的發明呢？「怎樣才能善用這些靈感，最重要的是找到合適的使用方法。」孫正義開始琢磨發明的模式。經過一段時間，孫正義總結出了自己的發明心得：

第一類，解決具體問題的發明。譬如說常用家庭插座的插孔很容易進入異物，不小心可能就會觸電，在插線孔上安裝一個彈簧擋板就可以很好地避免這個問題。第二類，基於外形、顏色方面的改變。譬如說男、女洗手間的標誌，如果只是寫個「男」「女」，就會顯得很生硬，而且有一點不得不考慮，那就是老人、兒童等人認字不多的情況，所以換一種方式畫上一個西裝領帶的男士和一個穿著裙子的女士。第三類，組合型的發明。譬如說「鋼筆」和「語音」原本是完全不搭界的兩個詞彙，而孫正義就可能聯想到兩者結合後的產品——錄音筆。

利用上面3類思路，孫正義開始最大化利用手頭上的寶庫，他一頭栽進柏克萊的電腦機房，自己設計了針對每一個詞都有幾十項評價指標的打分系統，對各個詞彙進行發明可能性排名。透過對「新穎度」「便攜度」「顏色亮麗程度」「發明難度」等一系列的打分選項進行對照之後，孫正義開始從得分最高的一些詞彙組合開始思考他的發明。

近300個詞自由組合，將會得到2000多萬個不同的結果。而經過孫正義的打分排名，什麼是最有可能的專利發明，哪種組合最富有創意，將會一目了然。後來孫正義還將他自創的這一套打分系統上交給電腦課的老師，老師給出了A++的最高分。

平心而論，孫正義記錄「馬桶」「鍵盤」「水杯」之類的詞彙實在不是什麼一流的點子，但是他勝在能夠堅持執行下去，因此才能將人們腦海中常見的創新點一網打盡。

在孫正義的「靈感銀行」筆記本中，足足記錄了近300條點子，雖然大多數最後都沒有實現，但還是有相當一些點子成為現實，其中最著名的當屬坐便器上的坐墊。當時就是因為孫正義不停地思考關於發明的事情，結果在上廁所的時候覺得馬桶座又冷又硬，他從漢堡的包裝得到靈感，用裝漢堡的聚苯乙烯泡沫塑料製作了馬桶坐墊。

當人們問起孫正義為什麼能堅持下來的時候，他笑著說：「其實當時也是迫於生活壓力，但松下幸之助先生的事情還是給了我很大的鼓勵。」日本的「經營之神」松下幸之助剛出道時也是身無分文，但是他靠著二通插口和自行車車燈兩項發明起步，最後建立了松下集團。孫正義受到松下幸之助的啟發，以發明專利作為自己事業起步的開端。

孫正義老搭檔馬雲同樣堅持執行大於想法。

馬雲曾將阿里巴巴稱為「一支執行隊伍而非想法隊伍」，他多次強調，迅速地去執行一個錯誤的決定要好過優柔寡斷或者沒有決定。因為馬雲知道在執行的過程中，已經有足夠的時間和機會去發現並改正錯誤。

阿里巴巴創建初期50萬元的原始資本就是馬雲與18個創業同伴在家中募集的。從此，馬雲的家成了阿里巴巴的辦公室，員工住的地方不能離馬雲家超過5分鐘，每天深夜回家睡幾個小時馬上又開始工作，對於執行的重視得到充分的體現。

馬雲和孫正義都屬於帶有偏執性格的人，在他們的認知中，企業只需要一個思想家，其他人都必須是執行者。阿里巴巴唯一的思想家，就是馬雲自己；軟銀唯一的思想家，就是孫正義。

動機無差錯，就值得一做

只要能讓這個世界產生一點變化，就是我最大的願望。

做事情到底為了什麼？

孫正義最常說的幾個回答是：

人一定要改變一點世界，哪怕是一點點；

討論未來世界的生活方式是一件令人感到興奮的事情，因為那改變可能有我的微薄力量；

跟那些能改變世界的人一起做事，是我最大的幸運；

……

不難看出，孫正義這輩子做事業最大的夢想就是「能讓世界因自己而有細微的不同」。換句話說，孫正義做事求的是最終的結果，而不是中間的紛繁過程。

關於這兩者之間的區別，其實就是效率和效能的區別。管理大師彼得．杜拉克曾在《有效的經營者》一書中指出，效率是指以正確的方式做事，而效能強調的則是做正確的事。

在一家糖果商店中，店裡明明有許多營業員閒著，顧客卻寧願擠在同一個櫃檯前買糖，難道是其他營業員不熱情或者短斤缺兩？原來，受顧客一致歡迎的那個營業員每一次抓糖果的時候，第一次一般都不會超過顧客所要的分量，然後，當著顧客的面一點一點地加進去，直到分量足夠為止。顧客看到的是不停地加糖，心裡覺得很滿意，當然也就願意光顧這個營業員的櫃檯了。而其他的營業員往往是第一次抓很多的糖果，然後再不停地減少，顧客們心裡當然就不舒服了。

與這位賣糖果的營業員一樣，孫正義做事雖然追求效率，但是當效率與效能衝突時，他明顯會選擇效能，即「只要是正確的事，都要做一做，哪怕是得罪一些人」。

2004年8月，軟銀為了打破ＮＴＴ和KDDI對無線電波段的壟斷，孫正義再次發起了一場向總務省施壓的活動。不過與2001年獨膽英雄式的「自焚法」不同，這次孫正義決定發動日本民眾，一起呼籲總務省做出政策改變。

為了喚起民眾的共情心理，孫正義先是給大眾上了一堂「什麼是無線電波波段」的科普課。2004年8月6日，日本總務省發佈了《800MHz波段下的IMT-2000頻率分配草案》，在這份草案中，總務省將所有800MHz的頻段分給了日本的移動巨頭ＮＴＴ與KDDI，而軟銀只分得了2GHz的無線電波頻段。

接著，孫正義指出，正因為ＮＴＴ與KDDI獨佔最優資源，而且不思改革，所以日本民眾的電話費才會那麼高。為了讓民眾有更直觀的感受，孫正義在日本發行量最大的5家報紙上刊登了全版廣告。在廣告中，有一幅相當顯眼的對比圖，表明了日本和其他國家，包括美國、英國、韓國、法國等國之間的話費對比，從圖中可以很明顯看出日本的人均話費超出平均水準。

孫正義這一招最有效，因為每個人都關心自己的口袋，月底看著高昂的話費帳單，那可是每個日本人都有的糟糕體驗。透過電話費對比引起人們對這件事的極大關注後，孫正義的終極撒手鐧也終於亮相：集體簽名請願。

2004年9月6日，一幅孫正義的照片刊登在了日本的大街小巷。照片中的孫正義一臉憤慨，旁邊配上了他的話：「如果我們繼續選擇對這種壟斷行為視而不見，那麼這個國家的手機話費將永遠那麼高。為了我們自己，請向總務省請願吧！」

這篇廣告在日本引起了軒然大波。很快，超過3萬條公眾意見匯集到了總務省的公共留言區。不僅如此，孫正義還向600多萬的雅虎軟銀用戶發出了呼籲，希望他們在關鍵時刻站出來。

當然，最後孫正義並沒能撼動日本總務省。

在「衝擊總務省」的整個事件中，孫正義花費了大量的心血、時間、金錢，甚至搭上了軟銀的名聲和未來，因為開罪總務省可不是什麼好玩的事情。那麼孫正義是為了什麼呢？商人果真「無利不起早」嗎？

事情已經過去多年，人們沒有看出孫正義從這場運動中得到太多實質的經濟利益，可能唯一的回報就是孫正義成了民眾心中敢於站出來說真話的人物，軟銀也因此贏得了廣泛的良好聲譽。為了這點虛名搭上一輩子的事業，一般企業家不會這樣做，這正是孫正義的特殊之處，只要不是不良的動機，他都願意一試。

公告目標，讓外力逼自己前進

目標明確說出口的比較好，承諾將會推動你前進。

在日本，孫正義有「吹牛大王」的外號，因為他經常對外說一些異想天開的大話，說完大話還能完成承諾，這一點是讓人欽佩的。

2010年的3月，一位富士搖滾音樂節的樂迷在推特上發文抱怨音樂節上的手機信號問題，這條平平常常的推特資訊無意中被孫正義看到，孫正義立即在下面跟帖問道：「富士搖滾音樂節什麼時候舉辦？」自此，富士搖滾音樂節上手機信號不好的問題成為公眾的熱烈討論的焦點。

每個人在參加人擠人的集會活動時，都有手機信號不好、接打電話不順暢的糟糕體驗。原因是大量手機聚集在一起，給移動營運商識別、傳遞信號帶來了很大的不便。而這個現象在日本著名的富士搖滾音樂節上顯得更為明顯。

為什麼移動營運商不進行改變呢？答案是「不值得」。富士搖滾音樂節不過短短4天，要想改善手機信號問題卻至少需要提升資訊容量到原有的100倍以上，無論是人力、物力、財力，還是從長遠角度來看，移動營運商們都不願意為了這短短4天去做冤大頭。

但是還沒開始行動，甚至都沒有和軟銀的相關部門知會一聲，孫正義就在推特上對外公佈說：「今年我們軟銀移動將會在富士搖滾音樂節上提高手機信號容量100倍以上。」一言此起千層浪。要知道，孫正義當時是日本粉絲量第二大的「大V」（即大咖），粉絲數量達66萬人之多。一時間，網路上到處都是抱怨、揶揄軟銀移動的話語，軟銀移動的員工也被這位「口出狂言」的社長搞到無語。因為當時距離富士搖滾音樂節開幕不過短短的數月，這項任務根本不可能完成，而孫正義「白紙黑字」的承諾無疑將軟銀推到了風口浪尖。

2010年3月26日，孫正義在推特上寫道：「我已經和軟銀移動的負責人達成一致，將在接下來的時間內穩步推進改善音樂節信號的方案，擴大當地的手機信號容量。」

7月13日，軟銀移動負責人發文稱：「我們一直在推進之前定下的政策，目前進展良好。屆時將在原有基礎上增加100倍的移動信號流量，並且建設移動信號基站。不過如果大家集中使用手機的話，還是有可能出現信號不好的問題。」

8月1日，富士搖滾音樂節如期開幕，匯集了上百萬的樂迷，大量軟銀移動的用戶在孫正義的推特上回饋：「信號很好！」當看到一條條刷新的消息時，孫正義知道自己終於贏得了這一仗，最後他在推特上寫道：「是的，移動信號流量增加了100倍，我實現了年初的諾言。」

仔細想來，這種事前公佈自己目標的做法可以說是孫正義和軟銀的招牌做事方式。孫正義曾說：「將自己的目標早早地公佈出去，雖然有實現不了的風險，但是它背後的鞭策作用會讓自己更加努力，所以值得這樣做。」

孫正義看似「口出狂言」，其實每一次豪言壯語的背後都是他對於軟銀的人力、物力、財力等資源的深度瞭解，他清楚軟銀可以在短時間內做到什麼樣的程度，所以他在公佈目標時也以軟銀的最大限度為基準，很少會出現諾言成為戲言的事情。

孫正義這種公佈目標的經營方法，與前輩松下幸之助的「玻璃式經營法」類似：

1 核心內容是公開經營目標。松下幸之助很注重向部下和員工揭示目標，每年每月從不間斷。這種公開可以喚起員工的責任感和工作熱情，例如1932年，公司使命的宣佈給每位員工都提供了夢想的機會，偉大的夢想造就了這個偉大的公司。

2. 公開經營實況。松下幸之助把喜訊帶給員工，讓大家分享成功的歡樂；他也把壞的事實都說出來，依靠大家的力量，一次次度過難關。

3. 公開財務狀況。這種方法可激發員工的進取熱情，大家聽到盈利結果後都興奮地認為，這個月如此，下個月要更加努力。

4. 技術公開。松下幸之助曾經為了合成材料的配方而苦苦探索，可是當他自己招收員工生產時，卻把這種在別家公司視為「最高機密」的配方、技術等，都告訴給了工人。松下幸之助的理由是：「公司成員之間彼此信賴，至關重要，小心謹慎地保守秘密，心事重重地經營，實在費力，也難有好的成效，對培養人才不利。」

公開目標，即是對自己的一種督促，也能讓用戶對你產生信任，因為他們全程追蹤。所以，於內於外，都應該讓自己透明起來。

十秒內想不清楚的事，再想也是白費力氣

與其浪費時間胡思亂想，不如立即行動。

互聯網是一個快速發展的行業，每天都有新的事物產生，用戶需求變化得非常快，競爭也很激烈，一旦速度跟不上，就會被淘汰。互聯網經濟的典型特徵是「快魚吃慢魚」，這個道理自然很多人都熟悉。

互聯網產品爆發是在3～7天，決勝期是1個月之內，如果想成功還必須持續創新。所以，在開發的過程中小步快跑，快速反覆運算是制勝關鍵。

在飛速發展的互聯網業界，產品是以使用者為導向在隨時演進的。因此，在推出一個產品之後要迅速收集使用者需求進行產品的反覆運算——在演進的過程中注入用戶需求的基因，完成快速的升級換代裂變成長，才能讓你的產品保持最高水準的使用者體驗。不要閉門造車以圖一步到位，否則你的研發速度永遠也趕不上需求的變化。

面對互聯網的瞬息萬變，孫正義給自己立過一個標準：決定一項事務只需要10秒鐘。否則即便是透過大量分析和研究得出品質最優的決策，一旦錯過了最佳的投資機會，這樣的決策也

是毫無用途的，很多時候決策速度往往比決策品質更加重要。在他看來，每天都有無數的事情需要決策者做出決策，如果每件事都要思考很長時間才能得出好的結論，那麼這些結論未必算得上是最好的結論。

綜觀孫正義的投資生涯，不論是6分鐘投資馬雲，半小時投資UT斯達康，還是半天投資雅虎，他都是在短時間內做出決策，哪怕是上億美元的大手筆。

企業是企業家的孩子，企業家具備什麼樣的性格，或多或少地會影響到他的企業。孫正義不僅要求自己做事果斷，用10秒鐘就決定一件事情，同時也對員工有這樣的要求。

在軟銀，沒有員工面對孫正義的提問會以「尚在商議當中」來回答，因為他們都很清楚，這樣的回答得到的只會是批評。如果一件事情尚在商談之中，那麼只有兩種可能存在：

一種是這件事情確實缺少決策的依據，沒有繼續討論的必要，如果尚在商談之中，那就說明相關負責人沒有盡到自己的責任，做事沒有效率。

第二種是這件事情已經有明確的決策依據，或者相應的評判標準，如果沒有依據相應的標準果斷做出決策，同樣是負責人的失職，因為他們在決策開始前就已經放棄了決策任務。

這種辦事拖拉、推諉，效率低下的現象普遍地存在於其他小公司中，但孫正義不允許自己的公司存在類似的情形。他要求下屬遞交的每一份報告中都只包含確定的結論，不允許涉及正在商談中的事情；如果有需要商談的事情，可以得出結論後再遞交。

在創業獲得成功後，孫正義開始從事風險投資，尋找合適的互聯網投資機會，他提醒自己：

「機會總是稍縱即逝，沒有太多的時間留給你去仔細思考。」每年找孫正義投資的公司都有幾百家，他只選擇其中的10％進行投資。這10％如何選擇？用孫正義的話說：一是企業的領導者要能在10秒鐘內打動我。

不僅要在10秒內打動他人，被打動的企業家也要在短時間內做出決策，否則也只是「白白打動」。

一架飛機正由紐約飛往洛杉磯，客艙裡的一塊鑲板鬆動了。鑲板尖銳的突起劃破了一位乘客的襪子，他把這件事情告訴空中小姐。

空中小姐手邊沒有工具，無法馬上修理，於是她把這件事情記錄下來，預備到達目的地時再向聯絡辦公室的人報告。可是聯絡辦公室裡除了一部電話和一套對講系統以外，也沒有工具。這時，空中小姐已經把問題反映上去了，在她看來，自己的工作算是完成了。當天下午，報告被送至「相關」部門。半小時之後，該部門又將報告放在技術部一名辦事員的桌上。這名技術員不確定自己能否修復，但他並不擔心，因為飛機此刻正翱翔在杜比克市（愛荷華州東部的一個城市，位於洛杉磯至紐約的航線中途）上方約三萬一千英尺的高空中。於是，他在一本皺巴巴的記錄單上潦草地記上一筆：在可能的情況下進行修復。可以肯定的是，他一定會修好那個突起，不過是在刮破另外10名乘客的襪子之後。

無論在決策之前做了多少功課，下了多少功夫，只要是決策都會有風險，還沒有誰敢說自己的決策是萬無一失絕對成功的，如果真的是那樣，也就算不上是個決策了。決策者都要面對失敗的挑戰，決策，不過是目標、成本和風險的博弈罷了。

企業想從競爭中勝出，必須在決策的成本和風險當中做出選擇，快速決策可以佔得先機：

第一步，發現問題，找到目標。

現實的情況總是很複雜，問題並非只有一個起因，矛盾也不是只有一個方面。利益衝突、周圍環境、各方態度交織在一起，形成了複雜的矛盾大網，必須學會從錯綜複雜的表像當中透視本質，從犬牙交錯的糾葛當中尋找矛盾。拋開無關的旁枝末節，把注意力集中到根本的衝突上，儘量平衡主要關係人的利益。

第二步，尋找可行性方案。

要保證方案的可行性，尋找那些有目的性、有針對性的解決主要矛盾的方案，至於無關痛癢的小小爭執，大可以不必理它，過多有「量」無「質」的備選方案，到頭來不過是白白增加了決策的難度和耗費的時間而已。

第三步，權衡利弊，做出選擇。

對各種解決方案進行取捨。無論是利用直覺、經驗，還是依靠模型分析，甚至只是賭賭運氣，不管用什麼方法，一定要做出選擇。

做事優柔寡斷註定一事無成，應該立即上路，只有啟動了，才能不斷地收穫。

機會總是稍縱即逝，沒有太多的時間留給你去仔細思考。

減法思維：從目標倒推執行

如果想做成一件事，不是從起點一步步往前推斷，而應該從事情成功的終點，一步步地倒推回來。

人的思維模式有兩種，一種是「加法思維」，另一種是「減法思維」。

加法思維的思維模式是從手頭現有的資源出發，按照自己的能力和所擁有的資源，正向推進，穩紮穩打，步步為營。眼睛只盯住自己的籃子，籃子裡的才是菜，籃子外面的都是別人的。君子愛財，取之有道。這種思維強調對現有資源的充分利用，強調自我的累積和滾動發展。用形象的話來形容這種思維，那就是有多大的胃吃多大的量，有多大的力挑多大的擔。用抽象的話來形容這種思維，那就是物質決定思維。

減法思維則不問自己現在有什麼，只問自己要實現什麼目標，想做成什麼事。做任何事情的時候，都從目標出發，根據目標的要求，規劃實現目標的路徑，明瞭實現目標的條件，並在實際工作中努力發現、借助和創造實現目標的條件，按照路徑一步步推進，最終實現目標。

這是一種反向思維方式，是一種倒推法：倒推資源配置，倒推時間分配，連結戰略戰術，連結方法手段。

無所謂好壞優劣，只有適合不適合。不難看出，加法思維明顯是比較溫和的思維方式，總是不做自己能力、資源外的事情。相反，減法思維則目的性強得多，一切只為能達成最後的目標。

在商界來說，減法思維明顯更實用，也更適用。孫正義非常推崇減法思維，最能體現他的減法思維的事情就是收購沃達豐日本。

沃達豐公司是一家跨國性的行動電話營運商，成立於1984年，1987年就已經成為世界公認的最大移動通訊公司。2001年年初，這家英國的通信巨頭帶著勃勃雄心進軍日本，想在增長快速的日本通信市場上分一杯羹，結果不幸觸礁。公司的利潤不斷下滑，2006年更是陷入巨額赤字。

沃達豐日本是沃達豐集團在日本的子公司，它對日本人的興趣和喜好並不瞭解，因此產品和口碑都不好。作為當時日本第三大通信營運商，它的網路品質實在太差。更糟糕的是，日本馬上就要啟動攜號轉網制度，外界都認為沃達豐用戶必定會流向日本其他兩大營運商ＮＴＴ和KDDI。這兩家也正張大了嘴等著鯨吞沃達豐的用戶。

孫正義就是在這樣的情況下從強勁對手——Cerberus 基金公司手中「搶」到了沃達豐日本，而且花費不小：118.7 億美元。但是外界並不看好這筆收購，軟銀的股價在孫正義收購沃達豐後暴跌60％。

為什麼要不顧一切地買下這個「麻煩」，孫正義這樣思考：

最終目標是進入移動通信領域，為了達到這個目標，他必須收購一家營運商，比如沃達豐日本，這比自己創立一家公司從零開始要好得多。要收購沃達豐日本他必須有足夠的資金，如何籌得足夠的資金？同時，為了最終能夠良好地管理營運沃達豐日本，他必須有相關的人才和經驗才行，怎麼辦？——先推出寬頻業務，接著收購固定電話營運商。

這就是孫正義的減法思考。在他看來，要做成一件事不能用加法，必須用減法，也就是說不要去想首先做什麼，其次做什麼，相反要倒著來：為了達到最終目標，前一階段應該做什麼，而做到這一階段之前又要做到哪些事。

最後是優衣庫的老闆柳井正給孫正義下了定心丸：「不收購沃達豐日本的風險要大於收購它的風險。」所以沃達豐日本是一個必須買下的「燙手山芋」，想要在移動互聯網領域裡開疆闢土，他需要這件武器。

當然，這種以最終目標為管理驅動力的減法思維不是盲目掃射目標，它有一定章法可循。這裡介紹一個關於目標管理的方法，縮寫為「S.M.A.R.T」，其中 S 是指 Specific，M 是指 Measurable，A 是指 Attainable，R 是指 Relevant，T 是指 Time-bound，意思分別是：

S：具體的，要與細分目標分門別類掛鉤，不能泛泛而論；

M：可度量的，有一個準確的度量標準；

A：可實現的，透過付出努力能夠實現；

R：相關的，我們設定的目標與大願景要有一定的關聯性；

T：有時限的，完成目標有個特定的期限。

一個能夠滿足以上幾個要求的目標就是我們需要的目標。對管理者來說，還需要記住一句話：「最好的方法或者目標一定是簡單的。」

Soft Bank

第九章 永遠讓聽者明白你在說什麼

對於他人所說的話，說得好對自己有幫助，說得不好至少也能增進自己的忍耐力。自己說話的時候，更要注意分寸，因為第一個聽見不好的話的人永遠是自己。

讓我們打個比方。

話要讓人聽得懂才有意義

說話最重要、最基本的要求就是詞能達意。這一點要求看起來很簡單，可是最簡單的事情最見功夫，每個人都一定遇到過對方不能理解自己的話，或者因為語言表達的不準確而不認同我們觀點的情況。所以說，一個真正會說話的人，能夠將深奧的東西說得淺顯易懂，而且最後讓聽者接受自己的觀點。

從這個角度來看，孫正義無疑可以稱得上是「日本最懂說話的人」，因為他在經營軟銀的過程中，多次透過演講完成了不可思議的任務。

孫正義有很多為人所津津樂道的演講，其中最著名的當屬關於「瑕疵擔保條款」的演講。2000年，軟銀在收購日本債券信用銀行（即青空銀行）時遇到了前所未有的公關危機：日本民眾普遍認為自己將會為日本債券信用銀行的債務埋單。孫正義也因此在人們心中成為「剝削百姓的資本家」，一時間成了「過街老鼠」，上至國會議員，下至販夫走卒，都對孫正義和軟銀進行口誅筆伐。而這一切的起源是民眾對於收購條約中的一款「瑕疵擔保條款」的不理解。

怎麼辦？收購協議確定的日子一天天臨近，是迫於壓力放棄收購，還是「冒天下之大不韙」，頂著壓力硬上？看來似乎只有撤退和硬上兩種選擇，因為在短時間內根本沒有可能向憤怒的群眾說清楚這個非常專業的條款到底是怎麼一回事，幾乎不可能獲得民眾的諒解。

不過，世界從來不缺少「瘋子」，孫正義更是「瘋子」中的「瘋子」，他選擇最不可能的一條路：延遲收購日期，向民眾解釋「瑕疵擔保條款」。

孫正義開始頻繁地出現在電視、報紙等公共媒體上，苦口婆心地向日本民眾解釋「瑕疵擔保條款」的含義以及其存在的理由。首先，孫正義直截了當地說出自己的觀點：民眾壓根不懂「瑕疵擔保條款」。為了讓憤怒的人們恢復理智，孫正義在演講中使用了大量精心製作的PPT。PPT分成幾大類，一類是各種歷史資料的集合，透過實實在在的資料讓崇尚理性的日本民眾說不出話來；另一類則是簡單形象的比喻，這樣做可以讓孫正義的演講更具有情境感，引起人們的共情心理。

孫正義將「瑕疵擔保條款」的適用比喻成「爛蘋果退貨協議」：「當一家水果店倒閉的時候，積壓了大量的蘋果，前去收購的人為了儘快完成收購決定不打開箱子一個個檢查蘋果，不過他知道其中肯定有爛蘋果。收購的人希望爛蘋果超過總蘋果兩成的時候，可以選擇退貨。」孫正義這樣向民眾解釋「瑕疵擔保條款」。是啊，既然收購方已經願意自行承擔兩成以下的損失，為什麼「水果店」不願意分擔一部分風險呢？

透過孫正義的形象比喻，民眾逐漸開始覺得「瑕疵擔保條款」的確是十分合理的條款，一場抗爭消失於無形。2004年9月1日，收購日期比預期晚了整整一個月，不過此時的軟銀已經獲得了民眾的理解，收購過程如水到渠成般自然。經此一役，孫正義獲得了「永不屈服」的名聲，為自己和軟銀贏得了無形的聲譽資產。

分析孫正義的演講，形象的「爛蘋果退貨」比喻無疑發揮了極為重要的作用，因為這個比喻讓民眾擁有了更形象化的理解，整個解說也更容易贏得他們的信任。

那麼，我們在演講中是否還有其他辦法贏得聽眾？

用事實和資料說話

事實和資料是客觀事物的具體表現，比任何的描述和個人感受都更有說服力，同時也能增強自己的信心。演講中要站在對方的角度，事先考慮好對方會提什麼樣的問題。

以理服人，不能強加於人

「曉之以理，動之以情」，說服的關鍵在於幫助聽眾產生自發的意志，激發其行動的力量。

知己知彼，設身處地

不僅要考慮清楚自己的想法與行動，也要透過各種方式瞭解聽眾的情況，以便慎重思考應對策略。透過投其所好和強調雙方的利益，以達到說服他人的目的。

步步為營，分階段實施

將需要說服聽眾的問題，分解為幾個不同的部分，根據不同的時間和對象，化整為零，分為不同的階段實施說服。

說話要直截了當而且中肯

如果你想在你所說的各種事情上都取得駕馭人的卓越能力，一個最基本的要求：集中一點，不要分散火力。

不要誇口

不但永遠不要誇口或者言過其實，而且在陳述你的情況時還要動腦筋給自己留有餘地，這樣你就不必擔心會遇到什麼責難。

對待聽眾不可盛氣凌人

即使你是你要演講的這個專題的權威人士，你也沒有任何理由盛氣凌人地對待聽眾。

要有外交手腕及策略

老練是指在適當的時間和地點說適當的話又不得罪任何人的一種能力。做起來其實也很容易，就是你對待每一位女性都像對待一位淑女一樣，對待每一位男士都要像對待一位紳士一樣。要為你的聽眾提出最好的建議，而不是為你自己提出最好的建議。

壓縮到極致，輕量化表達

請把你要說的話先壓縮好，最好開口第一句就說出問題的本質。

如今，孫正義留給日本公眾的眾多印象中就有「演講大師」這一印象，而他的演講一向是場場爆滿。事實上，孫正義還透過網路直播，向成千上萬的觀眾演講，鼓勵年輕人。孫正義就像掌控觀眾情緒的大師，總能讓臺下的人聽得入神，不知不覺地認同他的觀點。孫正義還經常出現在一對一的商業辯論中，不出意外，對手總是會被他說服。

除了「三寸不爛之舌」，PPT對於孫正義的演講同樣至關重要。分析孫正義所用的PPT圖片，我們不難發現一個規律：PPT圖片永遠都很簡潔，圖片中不會超過20個字。這就是孫正義說話的另一個關鍵點：不要說廢話，從重點甚至結論說起。

抓住重點說話不僅體現在公開演講中，孫正義要求自己和軟銀的員工在日常工作中就要做到30秒內說清楚工作彙報，而這「30秒電梯理論」靈感則來自華爾街的投資同行。

「30秒電梯理論」來源於頂級投資顧問公司麥肯錫，即創業者在乘電梯的30秒到兩分鐘之內，對自己提供的產品、服務或價值主張做出簡短的介紹，從而獲得風險投資家和天使投資者的投資。「30秒電梯理論」是在麥肯錫公司的一次重大損失後由總裁麥肯錫提出的。

一位重要的客戶在電梯偶遇麥肯錫諮詢人，隨口詢問了當前的專案狀況。面對突如其來的提問，諮詢人顯得不知所措，加上並沒有充足的準備，在電梯運行的30秒內根本無法清楚地說明情況。最終導致麥肯錫失去了一位重要客戶。這件事後，麥肯錫提出了「30秒電梯理論」。

更進一步，孫正義提出在談話中儘量壓縮自己要傳遞的資訊，一次只列出3個要點，「成年人的平均注意力只有18秒，人們根本沒有更多精力記住5點、6點，3點就足夠了」。無獨有偶，心理學的相關研究同樣證明了孫正義的「3點論」有著獨特的優勢。

在戲劇啟蒙伊始，劇作家們就知道三幕劇比四幕劇戲劇性更強，而在演講中，孫正義發現3點比5點更有說服力。

這是因為任何一部偉大的電影作品、書籍、戲劇或演講都有著三段式的結構。例如，大仲馬有《三劍客》，而不是「五劍客」「六劍客」；金髮歌蒂遇到的是3隻熊，而不是4隻；諺語「三個臭皮匠，勝過一個諸葛亮」，而不是兩個臭皮匠；富有傳奇色彩的美國國家足球聯盟主教練文斯·隆巴爾迪告訴他的隊員，生活中有3件事最重要：家庭、宗教和由他率領的綠灣包裝工隊；美國《獨立宣言》指出，每個人不論是白人還是黑人，都享有不可剝奪的生命權、自由權和追求幸福的權利，而不是簡單的「生命權和自由權」。

看起來這個神奇的數字「3」既是書寫各種作品的基本原則，也是孫正義演講的隱形法則。

關於為什麼是「3」這個數字，美國海軍陸戰隊曾對這個課題展開過廣泛的研究，並得出如下結論：3比2或4都更有效率。因此，美國海軍陸戰隊都以3為劃分標準：海軍陸戰隊由地面部隊、航空兵和後勤部隊3個部分組成；地面部隊有3個陸戰師；陸戰師是世界上編制人數最多的地面作戰師之一，也是美軍唯一使用三團制的作戰師。

很多心理學家研究表明，在人們的認知中，我們很難在短時間內記住超過7個數字，人們最有可能接受的範圍是3～4個。所以，孫正義在演講中，都會拋出3～4個問題給聽眾分享，3的使用率也遠遠大於4。

小道具聚集，捕獲注意力

現場的核輻射量是0.1微西弗。

著名學者季羡林在隨筆中曾提起一段趣事：那個時候止是知識分子下鄉的時代，有一天，他們正在麥田裡背麥捆，突然一隻野兔從麥堆間躥了出來，大家先是一愣，隨即便放下手中的活，紛紛追趕兔子。一群人前擠後擁地追一隻兔子，場面「蔚為壯觀」。最後，這隻兔子終於「落網」。那天，所有參與「追捕」的人的心情都格外明朗。這不過是一件再平常不過的事情，卻給枯燥乏味的生活平添了很多色彩。

說話過程中，會說話的人時常拋出一些「包袱」，「包袱」的作用就像野兔一樣，也許它與要說的內容沒有實質性的關聯，但是能很好地調節說話氛圍，拉近演講者與聽眾之間的距離。

孫正義的演講之所以如此吸引人，善用技巧是重要的原因，其中抖「包袱」是常用技巧之一。不論是幾分鐘的簡短演講，還是長達數小時的網路直播演講，孫正義總是可以讓聽者跟隨他的思路時笑時悲。有時候孫正義為了讓聽者歡笑，他甚至會調侃自己是個脫髮的禿頭，或是丟進人堆裡找不著的矮個子；而當他回憶起小時候的艱辛生活，或是創立軟銀的點點滴滴，大家同樣會被他的悲情感染。這是屬於孫正義的「包袱式道具」。

還有一種是「拋磚式道具」，常見兩種方式：

1. 欲正故謬。當要啟發聽眾思考某一個問題時，與其告訴他們答案或者給予提示，不如故意說一個錯誤的答案來刺激他們思考問題。當演講者說錯時，就能夠激發他們思考的欲望。

2. 欲實先虛。這是為了讓對方順著自己的意願來展開話題。平鋪直敘地將道理講述出來，有時無法打動聽眾的心，不能引起聽眾的興趣。這個時候，由演講者先虛設一問，這一問乍看與演講內容毫無關係，或者讓對方摸不清虛實，當對方給出答案後，這種答案其實正是演講者想要的，這時演講者就可以抓住對方的話柄，以此為契機，得出想要的結論。這時，聽眾就無法否認自己剛才說過的話了。

除此之外，孫正義還善於利用一些出其不意的真實道具，如「焦點式道具」，以此吸引聽者的注意力，讓自己成為全場目光的聚焦處。

2011年4月20日，孫正義在東京宣佈成立自然能源基金會。會議剛開始，在眾人一片嘈雜的時候，孫正義從身上掏出測量核輻射量的蓋格計數器說：「我每天都隨身帶著這個東西，還好，這個房間的核輻射量很低。」透過這個方式，孫正義一下子成為全場的焦點，接下來順利進行了演講。

在更早的時候，孫正義就已經使用過這種道具了。2008年8月5日進行的當年第一季度決算發表會上，孫正義使用了 iPhone 作為演講的小道具。孫正義在演講臺上進行了「iPhone」秀，他先是透過 iPhone 3G 查詢了棒球比賽的結果，看了漫畫，然後又進行了樂器演奏應用的使用，最後演算了算盤應用。在前後大約10分鐘的時間裡，孫正義一邊在手中熟練地使用 iPhone，一邊配上幽默、輕鬆的解說詞，而 iPhone 3G 的便捷也給聽眾留下了深刻的印象。

除此之外，在演講的過程中插入視訊短片，也是孫正義常用的小道具。這樣做能給演講帶來意想不到的效果，甚至產生轟動。播放與演講相關的內容，如廣告短片、產品介紹、員工感言、使用者使用該產品時的場面及使用後的良好感受等，都可算作此類道具的運用。

當然，在演講中如果想透過嵌入的視訊短片來提升演講的效果，就要控制好時間，如果時間太長，人的精力會因為疲憊容易分散，如果注意力不集中，那麼不管視頻內容多麼感人，對觀眾都會喪失吸引力，一般宣傳視頻的時間要求控制在2～3分鐘，電視廣告則更短，通常只有幾秒鐘。

孫正義手中最重要、最神秘的演講武器就是 PPT 了。微信的產品經理張小龍在講述自己的產品時說，一張圖片要比一段文字更有感染力，這是圖片的力量。因為每張圖片都是一個故事，人人都喜歡聽故事，講故事往往是最有效的資訊傳播手段。

那麼，我們在演講的時候如何更好地利用 PPT 來吸引聽眾的目光呢？

首先，製作幻燈片的時候做到「簡化一切」。

孫正義的幻燈片具有極簡主義風格。他的幻燈片從來不包括與產品沒有關聯的資訊。在幻燈片上，儘量採用以短句代替長句的表達方式，短句間斷在聽眾腦海中留下的時間長一些，讓聽眾更容易回想起演講的內容。

其次，幻燈片要少一些文字，多一些照片。

孫正義在軟銀公司全球開發者大會上的幻燈片一共11張，其中只有一張帶有文字，其他的都是照片。研究表明，圖片在大多時候對人們目光的衝擊比文字大得多。透過照片的形式將資訊傳遞給聽眾，可以給聽眾留下更為深刻的印象。

偶爾可以用空的畫面聚攏聽眾目光。

在演講會上，演講者打開PPT時所發生的情形：一份空白的幻燈片，一大堆留白的空間，和孤零零的幾個標題和副標題。

很多人都以為這樣的幻燈片很不足，但是我們發現孫正義的演講PPT中也是沒有幾句話或多少文字，這樣製作幻燈片的原因是什麼呢？

在很多情況下，空白會給人一種高雅、清新的感覺。孫正義這種「留白的藝術」不僅能讓聽眾欣賞到簡約的美，還能讓人感受到他對空間的巧妙利用。在製作幻燈片的時候，視覺元素是我們應該考慮的一個重要因素。為了讓某種設計的視覺效果更開闊，營造空間感是十分有必要的。讓空的畫面來吸引聽眾的目光既是一種表達方式，也是一種藝術。

不過，儘管道具再有用，也不能替代演講者的主導地位，「道具是從，人是主體」，這是孫正義對於小道具的使用理念。

直接面對員工和用戶的問題

讓我來回答你的問題。

作為一家上市公司的創始人和CEO，孫正義的言行應該需要注意很多地方。很多同樣身分的日本企業家就是這樣做的，因為他們擔心「禍從口出」，推特、臉書之類的社交媒體上是沒有他們的身影的，即使有也是發一些秘書起草好的公關文。但是作為全日本粉絲量排名第二的「社交達人」，孫正義很明顯更喜歡和用戶打成一片。

這樣做的好處是很明顯的，那就是軟銀能獲得極高的社會聲譽，孫正義也顯得比較有親和力，缺點就是孫正義的社交工具介面上經常會遇到一些「不明真相」的無禮發問者。

譬如說，有的人曾在推特上留言，詢問孫正義為什麼雅虎BB的收費那麼高，而且網路速度很慢，罵孫正義是「頭髮稀疏的禿頭騙子」。面對這樣的辱罵，孫正義的做法不是拉黑、遮罩，而是大大方方地和大家開誠佈公地談一談，「頭髮少是事實，但我不是騙子」，孫正義會向用戶詳細地解釋這種現象背後的點滴原因，從不以「商業機密」為由敷衍了事。

2007年，互聯網上一個名叫「星巴克八卦」的博客刊載了一封名為《星巴克體驗的商業危機》

的文章。它實際上是星巴克董事長霍華德．舒茲給高層管理團隊的內部信。舒茲寫下這封信原因是2006年、星巴克的成長放緩、客戶流失。作為董事長，舒茲不得不對這樣的情況做出反應。於是2007年，他親自考查了星巴克分佈於世界各地的主要門市，結果發現星巴克的門市發展偏離了核心業務。於是，舒茲寫下這封內部信發給高管們作為警示，並指導他們的年度規劃方向。

當然，這封信流傳到網上並不是舒茲想看到的，但是他當時對信件外洩的關注並不那麼強烈，因為有更令他驚訝的事。這封信流到網上後，被各大主流媒體轉載並且被許多人引用、評論。舒茲發現，大家對信件大都斷章取義，評論相當消極，甚至有人直截了當地說星巴克就要「完蛋」了。

然而面對這些不利的言論舒茲毫無辦法，因為「星巴克在互聯網上缺少互動平臺，無法直接和客戶、投資人、合作夥伴對話，無法迅速地為自己說話，表明立場……我們無法掌控我們的命運……」。

所以，絕不能在互聯網時代失去面對客戶的話語權。

2011年6月24日，軟銀集團舉行季度股東大會。這次大會的討論主題是：進軍新能源行業，軟銀將改變事業方向。孫正義親自主持了會議，並發表了演講。在會後的提問環節，孫正義回答了股東的17個問題。問題範圍十分廣泛，並不局限於大會的主題，手機信號新頻率配額申請，軟銀的財務稅務問題，都被提了出來。

這一點在日本的股東大會中是少有的。在日本，更常見的股東大會是草草了事，然後CEO

讓手下各個部門的負責人簡單回答幾個問題，自己是絕不可能親自回答問題的。孫正義是個奇葩，他從不會說「這個問題由財務部的負責人來回答」之類的話，全都是親自上陣回答。

當人們問到為什麼孫正義願意花費寶貴的時間，回答並不專業的公眾留言和股東提問時，孫正義的回答令人動容：「其實他們也並不是一定要求得一個答案，只是想讓你注意一下他的意見，哪怕你說我們沒辦法辦到，他也會理解的。」這就是溝通的重要性，心理學上的霍桑效應說的也是這個問題。

製造電話交換機的霍桑工廠位於美國芝加哥郊外，這家工廠的醫療養老制度齊全，工作環境整潔舒適，還有很多娛樂設施。然而員工們仍不能愉快地工作，經常抱怨，工廠的生產效率也不理想。

廠方於是聯合美國國家研究委員會組織了一個包括心理學家等各方面專家在內的研究小組來探求原因。研究小組的專家們用了兩年多的時間找工人個別談話兩萬餘人次，耐心聽取各種意見，不予反駁和訓斥，結果全廠產量大幅度提高。

以前員工們憤憤不平的原因是：他們長期以來對工廠的各項管理制度和方法有諸多不滿，但無處反映和發洩，工廠當然也沒有改進，造成員工們的情緒消極，影響了工作效率。長達兩年的溝通使員工們的不滿都發洩了出來，並且讓工廠瞭解了員工們的想法，並對此進行了相應的改進，於是員工們感到心情舒暢，工作動力倍增。

霍桑工廠的「談話試驗」之所以會提高工作效率，主要原因就是它正好切合了人們內心某些潛在的心理特點：

1.渴望被重視是一種普遍存在的心理需求

在霍桑工廠，工人感到自己在做試驗的這一刻是特殊人物，引起了廠方的極大重視，因而感到愉快。工人們產生愉快心理後，周遭的一切都變成了他們喜歡的東西，生產條件也變成次要的了。他們會盡自己最大的努力像老闆希望的那樣去做，儘管他們想的與老闆想的並不相同，但他們知道提高勞動效率是人們共同關注的目標。

2.人不能被動工作，必須激發他們的積極性

透過試驗我們可以看出，影響生產效率的重要因素不僅僅是金錢，還包括工作中人們自動自發的責任感。要培養工人高度的責任感，必須向工人提出高標準的勞動要求。實踐表明，低標準只會抑制工人的勞動積極性。而高標準也並不是標準越高越好，而是合情合理，經過一定的努力可以達到的。這樣，工人為回報廠方對自己能力的信任，就會盡力完成制定的目標。

關注並回答任何人的任何問題，體現的是對每個人的尊重與重視，還有別的方法同樣能夠讓他人感到自己被「大人物」重視：

1.走動式管理

走動式管理是許多優秀企業比較常用也是比較容易奏效的一種溝通方式。走動式管理是指管理者在員工工作期間經常到員工的座位附近走動，與員工進行交流，或者解決員工提出的問題。管理者對員工及時的問候和關心本身並不能解決工作中的難題，但足以使員工感到鼓舞和激勵。有的員工說：「我就特別喜歡主管走到我的座位上，拍一下我的肩膀，對我問上一句『怎麼樣？』」員工往往不喜歡管理者整天坐在自己的辦公室裡，不與自己說一句話。

管理者在走動式管理中如果注意一些技巧和保持一定的敏感性的話，四處走動並進行非正式交談的確是很好的溝通方式。但更重要的是創造一個合適的氛圍，當問題出現時，要讓員工感到舒適輕鬆。因此不要對員工具體的工作和行為過多干涉，不要對他們指手畫腳、品頭論足，否則就會給員工一種突然襲擊檢查工作的感覺，員工容易產生心理壓力和逆反情緒。

2.開放式辦公

主要指的是管理者的辦公室隨時向員工開放，只要沒有客人在辦公室裡或正在開會，員工隨時可以進入辦公室與管理者討論問題。我們可以看到，許多公司中管理者的辦公室是不設門的，只是用比較高的隔板隔開，這樣做的目的是便於員工隨時與其進行溝通。開放式辦公的優點就是將員工置於比較主動的位置上。員工可以選擇自己願意的時間與管理者溝通，可以主導溝通的內容。

3.工作間歇時的溝通

管理者還可以利用各種各樣的工作間歇與員工進行溝通，例如與員工共進午餐，在喝咖啡的時候聊聊天，等等。在工作間歇時與員工溝通要注意不要過多談論比較嚴肅的工作問題，可以談論一些比較輕鬆的話題，例如昨天晚上的足球賽、烹飪的技術、聊家常等，在輕鬆的話題中自然而然地聯繫到工作中的問題，而且要儘量讓員工主動提出這些問題。

4.非正式的會議

主要包括聯歡會、生日晚會等各種形式的非正式團隊活動。非正式會議也是比較好的一種溝通方式，管理者可以在比較輕鬆的氣氛中瞭解員工的工作情況和遇到的需要幫助的問題。而且，這種聚會往往以團隊的形式舉行，管理者也可以藉此發現團隊中的一些問題。

溝通無極限。孫正義在與員工、用戶溝通的時候，隨時隨地、不拘形式是他的風格，目的只有一個：關注。

像做藝術品一樣準備一場精益演講

越是大型的演講，越是會出現問題。

早在美國加州大學柏克萊分校求學時，孫正義就曾靠著自己的「忽悠」能力說服世界知名教授加入自己的研發項目，而且約定在發明賣錢後再付報酬，如此苛刻的付款條件，如果沒有相當出色的演說，教授是不可能接受的。

等到軟銀成立時，毫無背景、資源的孫正義只能憑著雙手和一張嘴，為軟銀的未來打拚。在資源極度匱乏的條件下，孫正義硬是從日本企業巨頭NTT、KDDI手中搶下與美國蘋果、微軟等企業合作的機會，出色的演講是關鍵中的關鍵。

不過，演講可不是隨口說出的話，而是經過精心策劃，但是又看不出加工痕跡的「人工藝術品」。既然是「精心策劃」的，演講的準備工作就顯得尤為重要，否則無疑會給聽眾留下很壞的印象：功課沒有做足就來亂說。

如何做足準備？

最重要的就是先做好心理和情緒上的準備。很多人認為演講只是靠一張嘴，但每一次演講實際上就是在與聽眾的思想意識進行博弈，演講者需要在一定的時間內透過情感、語言、智慧來影響和改變聽眾。

就以產品發佈會為例，要達到良好的效果就必須明確幾個問題：對於消費者而言，他們最想從商家或產品開發人員那裡獲得什麼？什麼樣的產品是他們夢寐以求的？他們被什麼樣的技術問題困擾？

演講者需要透過聽眾和市場訊息來推測這些問題的答案，這樣才能明確自己應該在演講中傳遞給聽眾怎樣的資訊，將其中哪些作為重點。如果我們希望站在演講臺上向客戶、商業合作夥伴介紹產品時，也能夠像孫正義一樣成功，那麼一定不能忘記去瞭解、熟知聽眾需要什麼。

聽眾希望聽到重要資訊，瞭解到新的知識，同時希望演講的氣氛愉悅並且盡可能幽默輕鬆。他們希望瞭解演講者的產品，瞭解它是如何製作的，並且希望這個學習的過程是充滿樂趣的。但這些就夠了嗎？顯然不是，其實最重要的是，人們想知道下面這些問題的答案：

為什麼我應該關心這些？我能從中獲得什麼呢？

唯有當演講者毫不遲疑地回答出這些問題時，演講或者產品推介會才有可能成功。

接下來就是做足演講的外部準備，包括對演講稿的熟練、演講場地的熟悉，以及演講工具的熟練使用，包括投影儀、電腦、遙控器等。

僅以對演講稿的練習為例，我們就可以看出孫正義在做準備時花費的功夫。

2010年6月25日，孫正義在東京舉行了軟銀「新30年願景」發佈會。面對近萬名軟銀員工和股東，孫正義進行了一場長達2小時6分鐘的演講，一共使用了135張幻燈片。為了應對這場非常重要的演講，孫正義不僅對每一張幻燈片進行研究，瞭解每一張幻燈片背後的資訊以及它們之間的聯繫，而且連每張幻燈片花費多長時間進行演說都經過多次嘗試，最後確定一張幻燈片解說大約1分鐘，這才有了最終的精彩演講。

另外，面對重要場合的演講時，演講者難以避免地感到緊張，如何克服演講時的緊張情緒，也是包括孫正義在內的演講者需要關注的問題。想克服演講中的緊張感，演講時要儘量做到：

1. 如果講到一半忘了演講詞，不要緊張，跳到下面的題目，很可能根本沒有人注意到你的失誤。

2. 停頓不是問題，不要總是想發聲以填滿每一秒鐘。最優秀的演講者會利用適當的停頓來把他的重點更清晰地表達出來。

3. 如果看觀眾的眼睛讓你緊張，那就看觀眾的頭頂（觀眾不會發現的）。

4. 眼睛直視觀眾，可以隨機地更換注視的對象。不要左右亂看，不要往上看，因為這會讓你看起來不值得信任。

5. 如果看觀眾會讓你感覺緊張，那麼眼睛可以多看那些比較友善的或帶著笑容的臉。

6. 如果可以做到，最好用接近談話的方式演講。用簡單的語句，表達清晰的思路，不要太咬文嚼字。

7. 最好適當地使用肢體語言，做些手勢，不要太死板。

8. 如果你會發抖，不要拿紙在手上，因為紙會擴大你發抖的程度。手可以握緊拳頭，或扶著講臺。

9. 演講時千萬不要提到自己的緊張，或對自己的表現道歉，那只會讓你更失去自信。

10. 如果能在開場白時吸引到觀眾的興趣，整場演講便會容易和順暢不少。

卡內基對於消除緊張心理是最有經驗的，而在他的眾多經驗中最基本的經驗就是：「你要假設聽眾都欠你的錢，正要求你多寬限幾天；你是神氣的債主，根本不用怕他們。」

演講者不妨給自己一些積極的暗示，伸直膝蓋，挺直腰背，信心十足地開始演講，當面對聽眾時感到恐懼、忐忑，產生精神上的緊張，這是演講中的正常現象，只要能堅忍不拔，適度調節，所有的不適都會一掃而光。

「不打無準備之仗」是孫正義的原則，不管是經營、投資，還是演講、說話，如果沒有做好準備，孫正義絕不輕舉妄動。

Soft Bank

第十章 黏性投資：耐心種樹，秋後收成

運氣當然是很重要的。但是如果你不對一個行業做深入、認真的研究，不做出持續的努力，運氣是不會站在你這一邊的。你必須明白的是，互聯網行業現在還處於起步階段，而汽車工業、電子工業、通訊行業則至少有100年甚至120年的發展歷史。這些重要行業在出現後的5年內，都沒有什麼重大的改變，但這並不是故事的結局，它只是故事的開始。所以互聯網行業也只是剛起步。我堅信，互聯網行業是有非常、非常巨大的潛力的，我相信它最終一定會壯大起來。

帶上藏寶圖，直達目的地

> 互聯網時代到來，我想的第一件事就是找到能夠給我指引的地圖。當時我投資50億美元來控股美國最大的電子出版公司Ziff-Davis和Comdex以及其他相關公司，我認為我花的是買藏寶圖的錢。

在孫正義的投資生涯中，投資Ziff-Davis和Comdex具有里程碑式的意義。

20世紀90年代，是孫正義軟銀帝國的奠基時代。1994年軟銀上市，這讓孫正義的身價達到10億美元，那一年他37歲，軟銀成立不過14年。

1995年，藉著上市的融資，孫正義終於有資金開始實施自己的互聯網帝國計畫。而第一步，孫正義沒有選擇投資互聯網公司，而是花費50億美元的重金收購了Ziff-Davis出版公司的部分股權，同時收購Comdex展會部分股權。一家是全球出版業巨頭，一家是提供資訊產業展覽場地的企業，看起來與孫正義要涉足的互聯網經濟毫不相關。

當有人問起孫正義看中了這兩家公司的什麼地方時，孫正義表示：「雖然Ziff-Davis和Comdex是傳統行業的企業，但是它們對於互聯網領域有著最詳細的研究，因為它們的客戶全都是互聯網企業。所以說，最瞭解美國互聯網行業狀況的一定是這兩家企業，它們清楚最新的技術、發明在哪裡。這也是我買下它們的原因。」

孫正義當時問 Ziff-Davis 公司總裁，表示自己想對互聯網做一大筆投資，應該先會見哪個公司？Ziff-Davis 公司總裁告訴孫正義的答案是雅虎。有人勸說孫正義：「雅虎是個小公司，是一幫年輕的學生創建的，還有虧損，幾乎沒有什麼收入，就像個校園項目。」孫正義表示沒關係，他認為學生反而能夠拿出非常偉大的想法，願意見見雅虎的創始團隊。

在面見雅虎創始人楊致遠以後，孫正義說：「好，我現在投一億美元，佔有公司 30％的股份，如果我能幫助你們在全世界取得成功，不管花多少錢（我都會投入）。你們肯定會一下子增長三、五倍的。」就這樣，孫正義投資了第一家互聯網公司。

後來，孫正義透過 Ziff-Davis 和 Comdex，在美國成功投資了眾多互聯網企業，包括 E*Trade、InsWeb、BUY.com 等。而對於 Ziff-Davis 和 Comdex 的幫助，孫正義也從不避諱，自從大學畢業後，孫正義的事業重心就放在了日本，他對於美國市場雖然有興趣，但也是鞭長莫及，瞭解得並不多。Ziff-Davis 和 Comdex 對於美國互聯網市場的洞悉，彌補了孫正義的缺憾。

互聯網時代就像一個埋藏著無數寶藏的島嶼一樣。「當你去寶藏島的時候，你準備帶什麼工具呢？是食物、槍，還是藥品？我想要的卻是寶藏島的地圖，這樣可以直達寶藏所在地。」這就是孫正義的頭腦和格局。

進一步深挖，孫正義「出發前帶上藏寶圖」的投資原則，其實是「投資前對全域瞭解清楚。

投資者應把自己的投資範圍限制在少數幾個瞭解的行業，就像孫正義的絕大多數投資都集中在互聯網行業。盲目投資不瞭解的行業是不明智的，一個理性而見多識廣的投資者應當可以比較精確地判斷這樣做的風險。

有些投資垃圾債券的投資者看好垃圾債券發行公司的前景，認為這些公司的經理有著給投資者良好回報的想法。可事實上，這些垃圾債券的經營者通常有另外的意圖。他們就像吸毒者，不是把精力放在尋找治癒其滿身債務的良方上，而是把精力放在尋找另一次毒品注射上。債券的追捧者們當時都相信大崩潰不會發生，他們甚至天真地認為，因為巨大的債務將使管理人員前所未有地關注績效管理，正好像人們期望一把鑲嵌在轎車方向盤上的匕首可以使司機非常警覺，但如果轎車遭遇不好的路況，哪怕是最小的坑洞，也會產生致命的事故。而事實上公司營運的道路上到處都是坑洞，所以那種要求司機躲避所有坑洞的計畫註定會遭遇徹底的失敗。

作為投資人，完全不必受項目短期波動的影響，可以選擇容易理解的行業和公司，從行業景氣度趨勢、企業成長趨勢和股價運行趨勢三者中去尋找共振點，長期投資。

為了減少精力消耗，投資者可以只考慮比較熟悉或者容易理解的行業，前者例如電力設備，後者例如採礦業、房地產；難理解的行業即使前景好也不參與，例如醫藥、化工材料。

比較容易理解的行業及公司有著相同的特徵：基本面優良、盈利情況良好及穩定的分紅，除此之外還有高速、機場、汽車等低市盈率行業裡也都有「黃金」可挖，投資人在未來的操作中可多加關注，相反對於一些高深莫測的概念，利潤就留給別人吧。

從創業者眼中尋找活躍的激情和純粹的力量

那時候，馬雲一無所有，但是他在介紹阿里巴巴的時候，我從他的眼裡看到了光。那光芒就像當年我從楊致遠眼中看到的一樣。我知道，馬雲和楊致遠是同一個級別的創業者，他將來一定會成功。

當我回頭看到底什麼最重要的時候，我一直不斷地對自己重複，這裡面最重要的是一個精神，你得有激情，你得有激情幫助社會、幫助人們，這個會給我們帶來最好的結果。

——孫正義

孫正義的投資智慧讓很多人佩服，與其他投資人不同的是，孫正義的投資不僅僅是透過風險投資來獲得錢，錢不是他最終的目的，用他的話說：「不是因為我們有錢，所以我們才成立企業，而是因為『我想做什麼』。」因此他的投資往往更有戰略性。目的不同則手法不同。

小米之父雷軍同樣是一名成功的天使投資人，他的投資學就很有個人特色：3條原則：第一是不熟不投，第二是只投人不投項目，第三是幫忙不添亂。

4 個條件：大方向很好，小方向被驗證，團隊出色，投資回報率高。

只投熟人是雷軍投資的最大特點，他的投資只限於「朋友」和「朋友的朋友」——最多不超過兩層關係。

孫正義的投資理念則不看關係，不看背景，最看重就是創業團隊的激情，這有一定的心理學道理。

心理學家威廉．詹姆士在 1878 年寫給妻子的一封信裡，表現出這種思想：「我經常想，為一個人的品格下注腳的最好方法，應該是去找出他的精神或態度來，尤其是發生某些特別事件的時候，使他能感覺到自己最深刻、最活躍的生命來。在這種重要時刻，通常會有一種聲音在他內心深處吶喊：『這是真正的我啊！』」也就是說，興奮時刻會把我們的真正面目呈現出來。因為，感覺到「最深刻、最活躍的生命」。

2008 年，馬雲問了孫正義一個問題：「當初為什麼會投資阿里巴巴和雅虎，而且是在兩個公司成立不久的時候？」

當時的互聯網剛剛起步，雅虎的創始人楊致遠只是年輕的學生，比當年的馬雲還要青澀，而且雅虎的項目沒有任何收入，利潤為零，怎麼看都像是學生們的社會實習。

1994 年，楊致遠 26 歲，還沒有結束自己在史丹福大學的博士生研究工作。原本他和自己的合作夥伴大衛．費羅在校園裡租了一個閣樓作為實驗室，藉著學校網路搭建網路分類目錄網站，可供登錄者按自己的需求查詢內容。這是雅虎最早的雛形。

不幸的是，學校的網路因為他們的伺服器不堪重負，最後他們被「趕」出了校園，不得不將實驗室搬了出來。這時的楊致遠非常窘迫，沒有電腦也沒有伺服器。他不得不花掉自己所有的積蓄買了幾臺電腦，然後租用其他大公司的伺服器。

1995年，楊致遠和大衛需要資金來發展自己的網站。他們接觸了很多矽谷的投資人，幾家公司，包括著名的紅杉資本都對他們十分慷慨。不過在遇到孫正義以後，這些錢都成了小錢。

孫正義前後一共給他們投了一億多美元。就連楊致遠自己都承認，孫正義當時就像瘋了一樣。在1996年，給一家新興的互聯網公司投資100萬美元都是天文數字，更何況是整整一個億。

孫正義的解釋是：「我從他們（楊致遠和馬雲）的眼神裡看到了激情和純粹的力量。」也許孫正義在雅虎的楊致遠身上還看到了當年的自己，他的第一個公司同樣是以學生的身分創立的，憑著一腔熱血堅持，最後走向了世界。

美國自然科學家、作家杜利奧提出的杜利奧定理同樣證明了激情和純粹的重要性。他認為：精神狀態不佳，一切都將處於不佳狀態。赤誠的心，就是不虛偽造作、實實在在的心態。世上總有些人在事業上不順利，即便擁有資金和能力，煞費了苦心，擬訂詳細計畫，醞釀戰略戰術，仍然一無所獲，這主要是因為他們心機過重，反受其害。心思單純的人，以簡單純粹的念頭為出發點考慮問題，往往一鳴驚人。

拿破崙在第一次遠征義大利的行動中，只用15天時間就打了6場勝仗，繳獲21面軍旗，55門大炮，俘虜一萬五千人。在拿破崙這次輝煌的勝利之後，一位奧地利將領憤憤地說：「這個年輕的指揮官對戰爭藝術簡直一竅不通，用兵完全不合兵法，他什麼都做得出來。」拿破崙發動一場戰役只需要兩週的準備時間，換成別人會需要一年。這中間之所以會有這樣的差別，正是因為他無與倫比的激情，強烈的征服欲望，敢想敢做。

這樣的人在孫正義看來，是最好的潛力股。所以，最後他擁有了雅虎30%的股份。孫正義對自己非常有信心，也對年輕人廢寢忘食的工作態度有信心。2001年，雅虎的股價一度達到250美元，如果按照孫正義當時的投資來看，他擁有了100倍的收益。孫正義對雅虎的投資案成為華爾街的教材，而當有人質疑風投對中國互聯網的投入時，風投們會說：「你們看看雅虎，看看孫正義。」

投資人要扮演好導演和製片人的角色

我只在背後幫助企業家們，不會插手企業的經營管理，除非他們諮詢，否則不會給意見。而且我還禁止身邊的人干涉創業團隊。

錢說了算，還是項目說了算，這是投資人經常遇到的問題。

尤其當創業團隊是一群沒有經驗的新手時，資格老的投資人經常會忍不住「出言指點」，而投資人的理由看起來也挺合理，一則藉「幫助」之名，二則「心疼」自己的投資。但這些舉動在孫正義看來，都是「越界」，因為投資人只是提供資金、資源，偶爾在創業者的諮詢下提供自己的意見和經驗。

換句話說，創業者才是企業經營這場「大戲」的主角，投資人只是幕後的「導演」「製片人」，切忌「好為人師」。

說起來容易，做到太難。檢驗孫正義的「不干涉投資企業內政」的策略，最好的例證就是UT 斯達康，因為 UT 斯達康的創始人是孫正義的生平知己陸宏亮、吳鷹。人很容易對外人有禮貌，可對熟人一般都不顧儀節。

受孫正義的影響，陸宏亮和吳鷹兩人都在互聯網行業深耕細作。陸宏亮在美國加州成立了 Unitech 公司，1992 年吳鷹在中國杭州成立了 Starcom，在孫正義的撮合下，兩家公司在 1995 年合併為 UT 斯達康。

合併之後吳鷹和陸宏亮都跑去找孫正義要錢，因為當時 UT 斯達康並沒有什麼讓人眼前一亮的產品，在金融市場上融資有一定難度。面對好朋友，孫正義並沒有滿口答應下來，而是繼續恪守他的投資原則。孫正義先是讓陸宏亮講述 UT 斯達康的發展策略、企業目標和贏利模式，聽完之後，孫正義無動於衷。這時吳鷹上臺演講。

吳鷹是公司中技術攻關的負責人，他成立 Starcom 之前曾在貝爾實驗室從事個人通信服務、多媒體通訊等前沿技術的研究，擔任高級研究員、專案主管。在聽了技術負責人吳鷹的 30 分鐘演講後，孫正義終於同意投資 3000 萬美元給 UT 斯達康，並且佔 30％的股份。

這份對於老友的謹慎，表現了孫正義「投資與人情分離」的投資哲學。後來的事情更加證實孫正義在投資方面傾向於一碼歸一碼。

1995 年 10 月，吳鷹擔任 UT 斯達康的中國區總裁。1996 年吳鷹在中國主導小靈通的研製與開發，並力求儘快推向市場。這項業務最初並不被其他股東看好。

1998 年，吳鷹主持的小靈通成為公司最成功的產品，UT 斯達康開始在中國起飛。UT 斯達康營業額在 2005 年曾達到最高值 27.03 億美元，但是 2008 年起急劇下跌，被稱為「小靈通之父」的吳鷹黯然地離開了 UT 斯達康。現市值僅剩 1 億美元。在這個過程中，孫正義依然秉持「不干涉」政策，哪怕是自己的投資已經高達16億美元，而且是UT斯達康最大的股東。

吳鷹離開後，UT斯達康從2005年就陷入連續虧損的泥潭中，陸宏亮向孫正義諮詢意見，希望能夠扭轉敗局。在陸宏亮的邀請下，孫正義開始介入UT斯達康的營運，並在2011年獲得了盈利。

吳鷹離開UT斯達康後，和老友孫正義成了同行，成為投資人。2008年中澤嘉盟投資有限公司成立，他投資的範圍包括眾多領域。區別於孫正義擅長從長期投資中獲利，吳鷹更傾向於階段性投資和短期投資。僅一年，吳鷹的中澤嘉盟就實現了盈利。

現同在投資圈的孫正義和吳鷹表現出了更多的相似和不同。孫正義的投資大多是圍繞著互聯網及相關的領域展開的，但吳鷹的中澤嘉盟投資範圍更廣泛，包括TMT、電信、新能源、消費等領域。

近些年來，隨著軟銀集團的逐漸擴大，孫正義手中掌握的人脈和資源也越來越豐富。他開始更多地在「不干涉內政」的前提下，給創業團隊帶去更多的幫助。孫正義會跟創業團隊聊天，詢問企業家還缺哪些資源，有什麼他可以幫得上忙的。

比如軟銀投資了一個十幾個人的小企業，創業團隊想見一個幾十萬人企業的CEO本不容易，見不著。孫正義把對方請來一塊兒吃個工作餐。這對小企業可能至關重要，中國是一把手文化，有些事情一把手一推，可能就做成了。

除此以外，孫正義依然很少影響或插手創業團隊的經營管理。其實，孫正義一直在努力扮演「導演」和「製片人」，不停啟發「男女主角」，也就是創業團隊，並且鞍前馬後地服務，包括很多的「影像效果、景色、跑龍套」等事情，還有啟動「拍戲」的錢，都由他負責，為的只是能夠出一部好的「劇作」，一家優秀的公司。

讓它再長一長。只有耐心是不足夠的，就像你說的，方法也是很重要的。你必須有足夠的激情，對自己做的事情感興趣，有想要對它進一步瞭解的激情。這樣你才能確定，哪一個種子能夠長成最好的蘋果樹，用什麼樣的化肥，在什麼樣的土壤上最適合。這樣你就會變為最聰明的投資人。如果你是一個非常聰明的投資人，能夠看到今後的情況的話，那麼在這之前，你需要做的就是等待耐心。

想讓果樹長大，就別指望馬上摘果子

2014年9月19日，阿里巴巴上市當天，孫正義在他的推特主頁上輕鬆地寫道：「順便說一句，現在在紐約，為了觀摩阿里巴巴的上市。」

是啊，孫正義的心情怎能不好，14年前種下的一顆種子，終於到了收穫的這一天。

14年前，孫正義的軟銀在當時名不見經傳的阿里巴巴身上投下2000萬美元的賭注。沒想到這個讓中國製造商與海內外買家實現互聯的門戶網站日後竟演變成了中國頭號網上購物商城，軟銀所持股份價值也因此暴漲，即便按矽谷的標準衡量，這也算得上是超級投資回報。

人們在豔羨孫正義「運氣好」的時候，是否想過，即使你遇到馬雲這支潛力股，你能有憋住14年不動搖、不干涉、不撤退的耐心嗎？

商界流傳這樣一句話：不管你在做什麼，只要能堅持8年，都會有所收穫。對於創業者來說是「堅持」，對於投資人來說就是「耐心」，心急是吃不了熱豆腐的。

對於自己的耐心，孫正義說：「我等果子長成熟了再摘，否則一是不好吃，二是吃了會消化不良，要拉肚子的。」

大多時候我們無法測定一個企業或項目的真正價值，然而只要我們發現它們的真正價值，並且感覺這便是自己正在尋找的對象時，我們所要做的就是毫不猶豫地投入。此後，我們沒有必要天天盯著電腦螢幕猜測股價下一步的變化方向，要相信自己對某家企業的看法是對的，並且恰好在一個適當的價位做了投資，只要耐心等待，今後仍然不斷堅持這樣的策略，並且毫不放鬆投資選擇標準就行了。

美國棒球手泰德．威廉姆斯在他的傳記《我的生活故事》中寫道：「我的觀點是，要成為一名優秀的打擊者，你必須等到一個好球才去擊打。……如果我總是打那些在我的幸運區以外的球的話，那麼，我根本不可能成為一個擊球率是0.344的打擊手，我只可能是一個擊球率0.250的打擊手。」

巴菲特說過，他很少能同時發現兩家或三家以上可讓人有信心的企業，要耐心等待，因為只有等到退潮時，你才會知道誰一直在光著身子游泳。

投資股票致富的秘訣只有一條：買了股票以後鎖在箱子裡等待，耐心地等待。

當然，耐心等待不是靜止不動，要仔細的觀察，以此來判斷枝頭的「果子」是否已經成熟，否則根本無從尋覓「最佳收割時機」。而在等待的過程中，投資人需要經常與創業者保持溝通，瞭解被投資企業的點滴動態，每一筆錢的來龍去脈都要做到胸有成竹，「像自己在親自營運這家公司一樣關注它」。

除了投資後的耐心，投資前也需要耐心，甚至更重要，否則你可能會選錯創業團隊，把開花結果的種子種在「鐵樹」之上。

那麼，如何才能甄別一棵「樹」能不能開花結果呢？孫正義的方法是耐心細緻分析，在搞清楚之前絕不冒進。

1.企業或者項目是否簡單易於理解

一項投資行為能夠取得成功，和投資人對自己所投資對象的瞭解程度有密切關係。以這樣的瞭解，可以分辨出哪些投資人是以企業發展走勢作為選擇依據的，而哪些投資者只是帶著希望一夜暴富的投機心態投資的。

孫正義的投資涉及互聯網領域的許多企業：寬頻服務、移動營運、電子商務、移動設備、視頻、網路新聞等。無論孫正義是擁有企業的控制權，還是只擁有該企業的部分股票，有一點是相同的：孫正義總是掌握著那些企業的詳細運作狀況。他只在瞭解的範圍內選擇企業，從不輕易涉足不擅長的領域。

2.經營方針是否足夠穩定

孫正義不願意碰觸複雜的企業。對於那些因為面臨難題而苦惱，或者因為先前經營計畫失敗而打算徹底改變經營方針的企業，他也敬而遠之。孫正義認為，重大的變革和高額回報率是沒有交集的，通常只有那些長期以來持續提供同樣商品和服務的企業才能夠擁有較高的回報率。

3.是否擁有良好的長期發展前景

孫正義曾經說過，他所喜歡的企業，一定具有他所能瞭解，並且認定它擁有持續長久的經濟優勢。經濟市場是由一小群有特許權的團體和一個較大的商品型企業團體所組成的。後者中大多數都是不值得投資的，而前者大多數都是可以投資的。

孫正義收購美國第三大通信營運商 Sprint 的 70％股權，看中的就是該公司良好的發展前景：電信服務營運行業有高於產業平均值的趨勢。一旦通信營運建立起來以後，投資和營運所需要的資金並不多，而且沒有存貨投資。通信營運公司的投資回報都會高於產業平均值，賺取的現金也都超過企業營運所需的費用。再加上孫正義經營軟銀移動的多年經驗，由此可以斷定，Sprint 的發展前景相對樂觀。

投資的理性與血性：結構性大趨勢到來前搶先一步

在21世紀，我想主要的競爭領域就是為人們獲取資訊……所以我的關注點是資訊獲取，也就是網路業務……

關注趨勢才能洞悉未來，所以，在別人眼裡是賭博，在我眼裡是有把握的行動。

最先到達終點的不是跑得快的人，而是走近路的人。孫正義能夠在短短數十年間創造如此令人矚目的成就，他的「近路」就是遠見，比一般人更早看清趨勢而且敢一直堅持下去。

提起目光長遠，孫正義向來被譽為擁有「300年長遠視野」的投資人，而綜觀他的投資生涯，就可以發現，其實他投資的企業絕大多數都是互聯網企業或是互聯網相關企業。

據非正式統計，雅虎、UT斯達康、利多證券網、朝日國家廣播公司、思科公司、美國網路公司、金士頓、美國晨星、納斯達克日本、互聯網路景象公司、日本青空銀行、全球體育公司、電腦通信公司、軟體銀行交互公司、探索公司、美國介面集團、Ziff-Davis、E*Trade等數百家公司都是孫正義在日本和美國的投資。

他的另一個投資重心是中國。其中阿里巴巴、網易、盛大網路、新浪、8848、當當、攜程旅遊網、方正控股、分眾傳媒、順馳中國不動產網路、美商網、歡樂傳媒、碰碰網、青牛軟體、摩比天線、亞洲網通、銀聯商務、好醫生網站、好孩子育兒網、人人網等數百家公司，它們都曾獲得軟銀投資。

在眾多投資當中，最成功的當屬美國的雅虎和中國的阿里巴巴，雅虎和阿里巴巴也是孫正義取得成就的重要基石。

很多人都認為孫正義在30年前的時候挑中互聯網行業是因為運氣好，把他在互聯網方興未艾時投資大量公司也歸功於運氣。楊致遠卻說：「那時雅虎的許多人都認為他瘋了，在1996年花1億美元是要有很大闖勁才行的，但我認為他的成功不是靠運氣，他是個能前瞻15年到20年的人。」

孫正義自己這麼看：「一次成功可能與運氣有很大的關係，100次成功幾乎與運氣無關。」所以每當別人問起孫正義是否在「賭運氣」時，孫正義總是會自信滿滿地回答：「專注互聯網投資，在別人眼裡就像是賭博，但在我眼裡是深思熟慮後的決定。」孫正義不是抓住了一兩次機會，而是看到互聯網行業的大趨勢，所以即使他可能在少數企業投資上遭遇失敗，但只要專注下去，成功機率就大大增加。

其實，不僅是互聯網行業，在大多數業界都可以看到結構性趨勢的變化。所謂結構性趨勢，就是指長期大趨勢。結構性趨勢在短期內對行業的影響微乎其微，但它遠遠比短期性波動重要得多。事實上，誰能善用結構性趨勢，誰就能取得成功。

孫正義信奉這樣一個觀點：人類歷史上一共經歷了3次革命，農業革命、產業革命以及目前正在進行的資訊革命；他認為，在資訊化社會的第三階段，由提供數位化資訊技術的微軟、英特爾、思科、甲骨文等國際知名企業擔綱主演。但是，只有資訊化社會的第四階段來臨，提供數位化資訊服務的網路公司躍上檯面，革命才算是真正成功。那時資訊產業的成長幅度也會比現在的個人電腦產業大得多。這是孫正義堅定的「未來趨勢判斷」。

孫正義的夢想是「當資訊化社會進入第四階段，希望軟體銀行能夠名列世界前十大企業」。為實現這個目標，孫正義做了規模宏大的部署。他用別人覺得瘋狂的方法，在20世紀的最後6年時間裡，投資600多家IT公司。在日本，最大的線上遊戲公司、最大的入口網站、最大的電子交易網站、最大的網路拍賣服務都被孫正義收入囊中，他曾說道：「在日本，我們就等於雅虎加谷歌加eBay。」每當孫正義看到有前途的公司時，他就猛撲過去。其中對雅虎的豪賭讓孫正義一次大戰成名。孫正義的雅虎股票每股投資成本約2.5美元，市場價則最高達到250美元，升值整整100倍。到2000年，軟銀已成為國際網路業的最大股東。2000年年初，軟銀股價比發行價升值90倍，孫正義身價達到頂峰——700億美元。

孫正義認為，從撥號到寬頻，不過是網路革命性改變的第一階段，接下來，手機寬頻上網將會是下一個主流。現在，全世界一年賣出兩億臺個人電腦，手機的銷量是電腦的5倍，手機上網時代的到來是大勢所趨。孫正義要搶的下一個第一，就是手機寬頻上網，2007年軟銀為此投入155億美元。拿到手機上網主導權後，孫正義將要採掘下一個金礦：手機上網購物。孫正義說：「這個大趨勢剛剛開始。」

當結構性變化出現時，故步自封的人面臨被淘汰的危險，而迅速改變的人將迎來機會。對於任何企業來說，對抗大勢必然會失敗。彼得・杜拉克說，在短期內與趨勢抗爭非常困難，而且長期與趨勢抗爭幾乎是毫無希望。所以，孫正義的觀點永遠都是「看清大趨勢，比別人更早動起來」。

Soft Bank

第十一章
遠見無非是站在未來看現在

幾年之前，美國的公民當中50%使用互聯網，所以你在講到互聯網的時候，意味著就是美國公民所享用的技術，他們佔全世界線民的50%。在今後的幾年，美國在這方面重要性將會降低，中國的寬頻已經成為全球最大的，比美國的規模還要大。亞洲主要的線民人數將會佔到全球的50%，美國線民人數只佔12%。以前所有取得成功的網路公司，所有的老大，都是美國公司。但是在不遠的未來，你如果不能在中國做到最大，你就沒有辦法在全球做到最大。很多中國的網路公司將會成為全球最大的網路公司。

將「未來」複製到「過去」

從30年後推到20年後，從20年後推到10年後，從10年後推到一年

我在美國的時候，彷彿看到了幾十年後的日本。因為美國是這個星球上最發達的國家，未來日本也一定會有這一天。

所以說，我的方法是完全不一樣的，我的方法風險比較大，也很困難。但是我的方法是見效很快的一種方法。

……我的方法的第一步是要有一個非常大的願景，有一個成功的景象，然後我再決定，我要在多少時間裡面實現這個願景，是30年，還是10年。我先決定一個具體的日程表。多少年，我要實現這個成功。

接下來我再倒數回來，一直回推到今天，從30年後推到20年後，從20年後推到10年後，從10年後推到一年，所以我不是一步一步按部就班地去想，這不是我的風格，我的風格是把這個目標定好，非常龐大非常成功的願景，然後再回推到我們今天上來。

「坐著時光機回來的人」，這是外界對孫正義戰略眼光的評價，因為他總能在別人還沒有摸清門道的時候，就開始自己的佈局，而且在日後得到超高回報。這個信奉「時光機」理論的男人，對全球的市場有著自己的洞見，無論他進入哪個領域，防守者面對的都是來自「未來」的挑戰。

1995年美國矽谷的互聯網興起，孫正義將自己的觸手伸向了雅虎。藉著成熟的美國市場證明可行後，孫正義帶著雅虎回到互聯網發展滯後的日本，成立了雅虎日本。當時日本的互聯網從業者一片驚詫：「搜尋引擎是什麼，有那麼多人會上網查東西嗎？」後來雅虎日本幾乎成了日本網路的代名詞，超過85%的日本人都登錄過這家網站。

如果僅僅認為孫正義從互聯網經濟發達的美國，引入最新技術返回日本，那就把他想得太簡單了——日本也有走在美國前面的「未來科技」。

2012年10月15孫正義宣佈以201億美元收購美國第三大通信營運商Sprint公司70%的股權。孫正義啟動了迄今為止史上最大規模的跨國併購。

外界顯得不理解，把這次併購看成是「不理智的孫正義做出的瘋狂決定」，因此在宣佈併購的聲明發表當天，軟銀的股價下跌了近17%。在美國的通信行業打天下並不容易，就算軟銀收購了Sprint，也沒有對美國的通信市場造成太大的改變，更何況這次收購孫正義大有「傾盡家財」的氣勢，併購所有的資金都來自銀行貸款。

為什麼孫正義會如此自信？因為美國對於他而言，就好像是電信業還沒有發展起來的日本一樣。此刻進入，他好像坐著時光機回到了幾年前的日本。

在電信行業，日本屬於全球範圍內最發達的國家。NTT、KDDI以及現在的軟銀移動無論是在服務水準還是終端訂製方面都有著無可比擬的競爭力。相對來說，美國的電信營運商則要落後一個階段。

美國的電信市場和日本市場的激烈相比就是一潭死水，毫無波瀾。孫正義到了美國的市場，要做的就是將「未來」，也就是日本市場上證實成功的經驗複製到「過去」，即美國市場。

不僅僅在日本、美國，孫正義還在中國、印度開展自己的業務，無論是互聯網還是軟體，他都像是坐著時光機，穿梭於各個發展階段不同的國家中。因為孫正義身處制高處，觀察全球經濟形勢，不僅從經濟發達國家看到先進，更從經濟落後國家看到先進。

2014年10月28日，孫正義計畫向印度科技和通訊企業投資8億美元。其中，軟銀將向印度線上零售商Snapdeal投資6.27億美元，同時向印度大型計程車公司Ola Cabs投資2.1億美元。為了達成這次投資，孫正義和印度總理納倫德拉．莫迪（Narendra Modi）專程進行了一次會談。而在此之前，軟銀就已經開始向印尼的電子商務領域投入大量資金。

近年來，得益於廉價智慧手機的普及，印度互聯網覆蓋率穩步提高，印度民眾已經開始習慣於線上消費和網購。印度電子商務還處於騰飛的早期階段，孫正義透過2000年投資中國電商巨頭阿里巴巴的經驗，預測未來印度的電子商務上升空間很大。經過研究，印度的電子商務交易量將從2014年23億美元飆升至2019年190億美元左右。

要知道，目前印度是全球第三大互聯網國家，儘管目前的線上市場還相對較小，但是印度龐大的人口基數決定了其龐大的市場。對於孫正義來說，對 Snapdeal 的投資其實是他在放棄收購 T-Mobile 美國分公司後的最大國際擴張舉動，下那麼大的決心就是因為「時光機理論」給予的信心。

互聯網經濟：再小的領域也要做第一

我口中的第一不是全世界的第一，而是行業的第一。

我也是一步一步來的，首先我是從這個業界小的行業開始做起來的，但是我始終保持一點，即便這是一個很小的行業，很少有人理解它，很少有客戶能做生意，但我仍然要做到第一，我一直要做到第一。

一個企業的發展與它在業界的壓倒性優勢成正比。為了我們的客戶，為了軟銀的員工和未來，我們必須成為業內第一。

兩年以前，我做出了一筆很大的投資。我們收購了一家日本的手機公司，所以軟銀本來跟這些其他的電信業巨頭相比可能是小公司，我們投入了200億美元來收購一家小的手機公司。當時是日本的第三大移動營運商，跟其他的競爭對手比，我們是很小的，我們是最小的一個手機公司。但是我仍然希望成為第一，我們做出了許多許多的變化。在這兩年的時間裡面，我們得到的新用戶數量是最多的。當我們收購這家小公司，在日本來說是小公司，每個人當時都說，軟銀肯定會把這個事情搞砸了，軟銀肯定會陷入困局當中。但是我們現在已經有了超過50％的市佔率，在吸引新客戶方面超過了一半的市佔率。

「一定要成為行業第一」，這是孫正義常掛在嘴邊的一句話。不過重點不是他要成為第一的決心和希望，因為每個企業家都想成為第一，重點在於軟銀必須成為第一，不管是在哪個領域，只要軟銀涉足互聯網經濟，否則只能是死路一條。

58同城 CEO 姚勁波說：「互聯網社會，任何一個細分領域，做到第一能活得很好，做到第二、第三會比較辛苦，做到第四，連生存都成問題。」寺庫創始人李日學說：「互聯網社會只有第一，要想活得好，就要做到最好。」

線下的市場是「二元市場」，世界著名的行銷戰略家艾·里斯分析了二元市場的現狀。比如超市裡可樂是可口可樂和百事可樂；世界石油公司，是美孚和殼牌。在100年前，美國有500多家汽車公司，但是現在人們只看到兩家：通用和福特。里斯總結說：「這種『二元定律』表明，第三個品牌在市場上生存空間狹小，統治某一門類的是兩個品牌。」而且這兩個品牌會產生馬太效應，聚集在他們身上的財富越多，而第三名到最後一名會越來越沒有生存的空間。里斯還舉了一個例子：1999年，IBM 宣佈退出電腦零售市場，因為公司當年在零售市場上折損10億美元，當年控制個人電腦市場的是戴爾和康柏。

所以，對於傳統市場來說允許存在第二名，而且第二名的存在也是必要的，因為代理商們在銷售某個門類時，不可能只依賴一個品牌。他們和第一品牌談判時需要第二品牌，比如：「美孚，如果你們無法給我更好的廣告合作補貼，那麼殼牌也許可以。所以，這個月的銷售優惠我就只能給殼牌了……」諸如此類。所以，在某種程度上說，是代理商造就了第二品牌。

但是在軟銀涉足的互聯網業界，品牌之間的競爭是傳統企業無法想像的景象。這裡的品牌沒有第二名，只有第一名。借用2014年世界盃上愛迪達打出的廣告語來形容，就是：all in or nothing——要嘛贏，要嘛一無所有。

之所以如此，是因為互聯網的特性決定了高效的傳播和獲得資訊的對等，所以互聯網品牌與使用者之間不再需要代理商。這種情形比爾．蓋茲在1995年出版的《擁抱未來》一書中就已經為我們做出了展望。他認為，互聯網路將擴大電子市場，並且使之成為最終的媒介。這意味著消費者在互聯網上獲得商品資訊的成本極低，企業比以往任何時候都更清楚消費者要的是什麼。沒有了代理商，就沒有了談判議價的需求，也就沒有第二品牌存在的空間。

在互聯網上，消費者第一想知道的不是你是哪個牌子，而是你賣的是什麼。比如我們想要安裝寬頻，一定是找「寬頻安裝」，而不是搜尋「軟銀雅虎ＢＢ」。所以如果你無法讓消費者第一時間知道你是「哪一行」，那麼就無法更多地吸引他們。

所以，軟銀必須盡力創造業界第一。這包括：第一位的商品，如新產品或差異化產品；第一位的零售訂貨率，這是流通戰略中最關鍵的步驟；第一位地域，即將市場細分後，逐個擊破，從各區域第一進而追求整體佔有率的第一。

1999年，經過僅5個月的準備，孫正義在日本啟動了雅虎拍賣業務，兩個月後，雅虎拍賣的商品數量就超過了10萬件。發展迅速的雅虎拍賣有一個強勁的對手——eBay。

2000年，eBay與NEC合作進行促銷，聲勢浩大。一時間，雅虎的拍賣業務大幅度縮水。經過調查，孫正義知道了消費者的困惑，當消費者想要拍賣東西的時候，會有兩家很大的企業承接，最後的選擇自然是哪家的價格低選哪家。

面對對手的出招，孫正義推出了免費拍賣業務，言下之意就是「虧本也要留住客戶」。免費，加上本土優勢，雅虎日本的拍賣業務吸引了大量的用戶，eBay作為一家上市公司，在財報的壓力下無法採用相同的策略進行回擊，因此落了下風。

雅虎日本的免費策略取得了成功，eBay的業務量一直在萎縮。2001年，雅虎日本的拍賣業務開始收費，每月280日圓。就在這時，eBay效仿孫正義的做法開始免費，也想憑藉相同的戰略打個翻身戰。結果由於前期他們已經失去了用戶基礎，因此這一招打空。eBay在2002年3月敗走日本。

在趕走對手後，孫正義開始進一步鞏固雅虎的拍賣業務，比如他向得標人徵收商品成交價3%的服務費，同時向每件商品徵收10日圓的拍賣費，以此解決了低得標率產品的展出問題。

2007年，雅虎日本發表了一項聲明，決定與eBay合作。雅虎日本的用戶可以直接用自己的帳號登錄eBay的代購網站「世界門」。藉著這個合作，軟銀與eBay實現了強強聯合，eBay在日本重整旗幟，雅虎日本擴展了海外業務。最終，孫正義在日本網路拍賣市場上的地位無人可以撼動，成為拍賣領域無可置疑的第一。

不僅是雅虎拍賣業務，孫正義從「這個星球的互聯網經濟上拿到最大佔有率」。這些份額並不是透過鯨吞某家大企業實現的，而是透過日積月累實現的。「不管這個行業有多小，只要做到第一，我就能滿意。在某個小鎮成為第一，在某個業務領域成為第一。很小的人群，很小的領域，這個都不要緊。你只要成為第一，客戶就需要你。某一天你會成為一個大的領域的第一。」

畫不好大願景，畫小圖也會走樣

不談願景的領導者不是好領導者。

第一次提出「30年願景」的時候，是創業之時，我第一次舉行公司早會，除我之外公司員工只有兩人，在早會上我差不多說了半個小時的未來願景，兩個員工都睜著眼睛聽，覺得自己身在一個奇怪的公司，兩星期過後兩個人就辭職了。

進行長長的演講述說公司願景，會給員工留下心理陰影，所以我把願景封印在心裡了。創業經過了30年，我再一次把這個問題擺在員工面前，把至今以來的30年願景述說出來。

所謂企業願景，也就是企業的長遠目標和企業自身的價值觀。很多人都認為，談企業價值觀是一件很虛空的事情，因為那些願景總是顯得那麼遙不可及。

在孫正義看來，企業領導不僅要談願景，而且要大談特談，因為他「認為畫不好大願景的人，在畫小目標的時候也一定會走樣」。孫正義的觀點與許多成功的企業家不謀而合，「三流企業靠人才，二流企業靠制度，一流企業靠願景」更是商界的共識。

其實，用願景來指導工作，是一門深邃的管理藝術，同時也是企業不斷發展的一種戰略方法。成功的企業願景就好比預言，具有喚起員工行動的力量。一般來講，願景的言語應該是平實的、易懂的，但又必須具有無法抗拒的力量，讓每一位員工在做出重要決定和行動時都會自問：「這符合我們的願景嗎？」與此同時，成功的企業願景必須致力於滿足客戶的深層次需要，從生存需要、資訊需要直到發展需要和情感需要。同時，也必須根植於企業全體員工發自內心的共同願望。我們可以看一看一些著名的跨國公司的美好願景：

迪士尼樂園——給人們帶來快樂；

美國房屋抵押協會——使住房民主化；

沃爾瑪公司——給普通人提供和富人一樣的購物機會；

波音公司——成為全球最大的商用飛機製造商，並把世界帶到噴射式飛機的時代；

花旗銀行——成為世界上服務最好和最大的世界性金融機構。

企業對於未來的展望和美好願景的憧憬，往往代表著企業努力追求和爭取的目標，遠大目標並不是一成不變的，它會隨著企業經營環境的改變而改變；願景卻可以在一個相當長的時期內保持不變，從而有效地指引人們前行的方向。在日常工作中，面對突如其來的變化，人們本能的反應是畏懼或者逃避，而清晰的企業願景可以消除團隊成員的畏懼和逃避心理，引領團隊前行的方向並將企業的未來提升到一個戰略高度上。

作為日本著名的「願景大師」，孫正義為軟銀許下了眾多像「癡人說夢」似的宏大願景，就在2012年3月10日，孫正義再次提出了一個震驚四座的跨越亞洲的願景——亞洲超級電網」

（Asia Supergrid）。福島核危機爆發後，為了尋找緩解日本能源危機的方案，孫正義決心進入新能源領域，以期未來讓日本逐漸減少對核電的依賴。

為此，孫正義在東京召開討論關於新能源的學術研討會Revision2012。在他的宏大構想中，孫正義建構了一條從蒙古戈壁灘出發，向南一路經過中國北京、上海，向東跨越韓國首爾，最終進入日本東京的能源結構路線圖。

依照孫正義的設想，蒙古高原上的四季狂風將被利用來發電，最終為東京服務，「如果能將蒙古高原上的風力發電利用到最大，將產生每年8100萬億伏特的電力，而這將是日本消耗電力的8倍以上。」

當時很多人都不看好這份宏大願景，因為這條能源路線跨越如此多的國家和地區，根本不可能有實現的一天。此外，這份宏偉的計畫引起了謹小慎微的日本民眾的質疑：如果和路線經過的其他國家起了衝突，他們切斷電力該怎麼辦？

面對外界的質疑，孫正義有著自己的一套辦法。

首先是堅定自己的信心，絕不向外界屈服。

其次是輸出自己的願景和價值觀，具體參照下面的做法：

第一步，對目前的個人願景進行描述。可以嘗試對周圍的人形容自己目前的願景，這些願景包括自我形象、有形的財產、感情生活、個人健康、人際關係和工作等。想想自己曾經建立的願景中哪些實現了，哪些沒有實現，原因都是什麼。

第二步，想像一下實現願景後的情景。想像自己實現願景後會有什麼樣的情景，這種情景是不是自己想要的。

第三步，檢驗並明確自己的願景。檢視自己最想要實現的願景和其他不同層面的願景，找出最接近你內心深處的層面。

透過上面的辦法，孫正義不僅讓軟銀的員工和自己站在了一條戰壕裡，甚至說動了眾多政府首腦。2011年6月，孫正義在會見時任韓國總統李明博時說，不論是對於韓國、中國，還是日本、蒙古，開發和使用可再生的新能源都具有重大的意義。為了打消各國領導人的技術顧慮，孫正義說：「這在技術上是完全可行的，不存在特別難以攻克的障礙。」

很顯然，孫正義是搭建企業大願景的好手，他也對「願景驅動團隊」的管理方式很認同：

首先，建立積極的能量網路，讓積極增能者帶著團隊奔跑。

心理學研究發現，人們在交往中被分為兩類：積極增能者和消極增能者。和前者在一起，你的生命力和活力都將得到增強，而後者則讓你感覺筋疲力盡，耗盡熱情或者被貶低。積極增能者能夠讓別人的工作更加積極，效率更高。領導者要能夠識別團隊中的積極增能者，給予一定的獎勵，將他安置在能夠和其他成員相聯繫並且能夠影響別人的位置上。同時，盡可能在工作中給員工提供建立親密友情的機會，比如，蘋果公司的「度假會議」，賈伯斯會安排一個團隊的人一起參加娛樂活動。

其次，給員工畫出一幅富裕的願景，再配上一個醒目的標誌。

這裡所說的富裕，是指一個積極的未來、一個美好的環境和人們潛意識中的願景。從心理學的角度來說，每個人潛意識中都有一個最根本的願景，那就是做出的事情與眾不同，比生命還要更久遠，同時能夠給更多人帶來積極的影響。這和以贏得一定的市場利潤為目標的願景是不同的。先來看看蘋果公司為員工制定的願景：

我們的夢想還是讓每個人都擁有一臺電腦。我們有改變世界的熱情。在我們的努力下，個人電腦會成為人們家庭生活、教育工作中的生活方式。蘋果公司將會發覺更多人們做事的新方式，打造一種卓越的、擁有非凡內在價值的產品。

一個飽含激情的企業願景要具備兩個條件：一是能夠讓員工感興趣。它應該既是員工關心的資訊，又能夠挑戰他們對自己所做事情的常規看法。好的願景能夠為員工思考自己每天在公司做的事情提供一種全新的方式，足夠吸引人的注意力的同時，還帶有積極的正能量。一是要簡單直接，能在員工之間傳播開來。

心理學研究表明，那些大聲公開說出自己承諾的人比私下做出一樣承諾的人更能達到目標。所以領導者要找機會讓員工做出支援企業願景的承諾，或者一遍遍地重申願景。在阿里巴巴，馬雲就經常這樣帶著員工振臂高呼。另一點是要制定小量成功戰略，也就是透過創造微小但是迅速的變化來形成員工工作的動力。先是找一些比較容易實現的事情來做，做成功後公開它。然後再找第二件這樣的事情，重複這個過程。

很多企業家都害怕，說出太過遙遠的願景，一旦有一天實現不了，就會成為別人口中的笑話。其實，當孫正義說出大願景的時候他也沒有百分之百的把握，但是只要願意將大願景公諸於眾，自己自然會在公眾的注目下一步步地走好，直至達到終點，這也是「畫好大願景才能畫好小願景」的真正內涵。

及早做好準備，導引成功的到來

你如何成功，如何實現你的願景，如何貫徹你的精神，我有非常具體的戰略實現這些目標。但光有戰略也不可能成功，因為在這之前要有願景，然後才可能成功。

成功不會僅僅幾年之後就降臨，它需要多年的努力。所以我覺得大家應該準備好自已的清單來選擇你的人生該怎樣走，然後全心全意做你決定好的事情。

2010年6月25日，孫正義在東京舉行了軟銀成立30周年慶祝會暨新30年願景發佈會。在長達兩個多小時的公開演講中，孫正義不僅對自己創辦軟銀的歷程進行了回顧，其中不乏淚灑現場的感人場景，但最吸引人的還是孫正義新發佈的軟銀未來願景：

軟銀將透過資訊革命，致力於全人類的幸福；

力爭成為全球前十的企業；

軟銀集團旗下資產超過200兆日圓；

……

一言激起千層浪，日本的「吹牛大王」又開始吹牛了嗎？要知道，聽見這番話的人可不僅僅是會場的幾千人，還有無數在 Ustream 觀看演講直播的觀眾。

在豪言壯語之後，孫正義向在場者細緻地分析了他的「300年增長計畫」。他開門見山地表示：不管周圍的人怎麼評價他的「存續300年的願景」，他不會改變做出的決定，而且不再降低要求。看起來，孫正義大有「一個唾沫一個坑」的架勢，在軟銀的日常工作中他也經常這樣做。

假設上個月某位員工透過加班讓業績有了顯著的提升，那麼下個月他必須付出更多的努力。在孫正義看來，數字目標只有越來越高，沒有停滯不前甚至倒退的可能，哪怕這位員工向他解釋「上個月是透過加班獲得的高額業績」。

孫正義的私人司機曾說過一個真實的事例。有一天這位司機載著孫正義從住處前往位於汐留的軟銀總部大廈，因為運氣比較好，一路上沒有遇到紅燈，所以開得比平時快很多。從出發到進入軟銀大廈停車場，司機一共花了6分鐘，可是事後6分鐘這個數字成了他的魔咒。因為孫正義自從有了6分鐘從住處到達軟銀大廈的體驗之後，就會提出每次必須在6分鐘內完成這一過程的要求。這個要求給了司機很大的壓力，因為並不是每一次都是那麼好運。但孫正義還是堅持認為，效率一經提高，就沒有再退回去的可能。

如果光有一股豪情和不降低願景目標的「狠勁」，也是不夠的，只能被稱為「不知天高地厚的吹牛騙子」，所以同類調查是必不可少的。「沒有調查就沒有發言權」，這是孫正義做事的法則。在放出豪言之前，孫正義對日本和其他國家的大型企業進行了深入的研究，尤其是一些壽命較長的企業。日本本土的財閥集團企業，如江戶時代就已存在的大財團，它們曾經輝煌，經過近代化改制，最後在二次大戰之後逐漸慘澹經營，走向滅亡。瑞典的瓦倫堡家族也是孫正義的重點樣本，這個家族擁有包括易利信、汽車巨頭紳寶（SAAB）在內的眾多企業。除此之外，孫正義還考察了眾多大大小小的企業，它們是因為什麼而發家，因為什麼而沒落。

經過多年耐心細緻的考察，孫正義發現，大多數人都存在一個認知上的誤差，即「挖得寬不如挖得深」。很多人都認為，要想企業走得穩、走得久，做好自己的主營業務就可以，畢竟手中擁有稀缺性的資源是讓自己立於不敗之地的不二法門。但事實並不是這樣，絕大多數單營企業在創業初期的確擁有無可比擬的優勢，它們迅速取得市場，快速擴大規模，很短時間內就能給投資者帶來豐厚的回報。

這類企業的代表就是美國企業，經營者推崇單一、簡化的經營模式，高效率地運行公司。然而上帝是公平的，沒有哪一種模式是最佳選擇，因為這類公司的容錯率極低，一旦出現閃失，幾乎沒有挽回的可能，唯一的結局就是死亡。

除了對於日本大小企業的深入研究。孫正義還有一個「細化」願景的方法，那就是以數據說話。孫正義透過數據語言的描述，讓企業願景以及實現願景的過程不再是充滿個人主觀色彩的「一廂情願」或者「隨口說說」，而是一組組最真實的數據。行，還是不行，透過數據一目了然。

「我是一個數字化的人。」「數字從不會說謊。」

這些話都是孫正義常掛在嘴邊的。他認為，只有數字才能將紛繁複雜的事務簡化到本來的面目。

不僅僅是軟銀，大資料時代的來臨讓每個企業都開始重視數據，企業的大戰略願景都有著堅實的數據基礎，而不是領導者腦袋一熱，拍板算數。

2013年5月8日，法拉利董事長盧卡·迪·蒙特澤莫羅在馬拉內羅舉行的Formula Ferrari全球新聞發佈會上正式發佈了最新的全球戰略，並介紹了公司的核心業務領域。蒙特澤莫羅先生表示：「我希望法拉利保持絕對的稀缺性。」

蒙特澤莫羅宣佈了法拉利第一季度取得的豐碩成果，共銷售了1798輛公路跑車（不包括預售的La Ferrari），同比2012年第一季度增加了4%，營業收入也增加至5.51億歐元，同比2012年第一季度增加8%。此外，營業利潤增長了42%，達到8050萬歐元；淨利潤增長了36.5%，達到5470萬歐元。

蒙特澤莫羅強調了2013年他對法拉利的願景與規劃：全球產量將控制在7000輛之內，以確保品牌與產品的稀缺與尊貴。

關於這一願景，蒙特澤莫羅曾解釋道：「我希望法拉利保持絕對的稀缺性。這些想法和理念深受恩佐·法拉利的影響，如果我們控制產能，市場上將不會遍佈法拉利的身影，現有車主們的法拉利跑車也因此更為稀有與保值。但是這不僅僅是我隨口說說的『法拉利情結』，更有背後的數據支撐。」

既然每一項細微的工作都能做到「數據說了算」，那麼無數個細微工作的集合也能做到「數據說了算」，而這就是願景數據化、細微化的理論支撐。

除此之外，大資料時代的到來更加讓數據支撐願景有了把握，因為大數據存在的最大意義就是預測，包括但不限於願景的預測。孫正義說：「未來與趨勢就在數字之中。」企業願景永遠都不是毫無根據、腦袋一熱隨口說出的豪言壯語，公司的前景戰略應當有紮實的理論、方法、調查、數據作為支撐和佐證。這樣不僅會讓目標看起來不那麼虛無縹緲，而且做起來會容易得多。

企業的生命要超越創業者的生命

我死後，軟銀將繼續存在300年。

孫正義的野心很大，他希望軟銀能夠存活300年！在中國，馬雲喊出的是「我們要讓阿里巴巴成為一家存活102年的企業」，而孫正義的口號是：「軟銀將存活300年！」

2010年孫正義發佈了具有承上啟下意義的軟銀「新30年願景」。面對現場的近萬名軟銀員工，面對在Ustream即時觀看的億萬觀眾，孫正義慷慨陳詞：「到2050年，軟銀旗下公司將由800家增加至5000家。軟銀將持續增長300年，成為全球最受人喜愛、最需要的企業。」

在孫正義看來，企業不應該依賴創始人，實現超越創業者這一目標的途徑就是繪製企業戰略地圖。

什麼是企業戰略地圖？

戰略地圖是由哈佛大學教授羅伯特·卡普蘭和大衛·諾頓提出的。他們最早是平衡記分卡的創始人，在對實行平衡計分卡的企業進行長期指導和研究的過程中，他們發現，企業如果無法全面地描述戰略，管理者之間及管理者與員工之間就會無法溝通。這種局面出現的原因是

「平衡計分卡」只是為企業建立了一個戰略框架，而缺乏對戰略具體而系統、全面的描述。為了解決這個問題，他們經過深入研究，於2004年1月提出透過繪製詳細的戰略地圖來具體地描述戰略。

也就是說，戰略地圖是在平衡計分卡的基礎上發展而來的，與平衡計分卡相比，它增加了兩個層次的東西：一是顆粒層，每一個層面下都可以分解為很多要素；二是增加了動態的層面，也就是說戰略地圖是動態的，可以結合戰略規劃過程來繪製。

在軟銀，孫正義將這一過程模擬為銀河系的運轉。在顆粒層，軟銀旗下的每一家公司都像一顆完整的顆粒，有著自己的「自轉」，而每家企業都有屬於自己的計量要素，互相之間可能相差很大。在流動層，則是說明軟銀內部並非「一潭死水」，而是像銀河系一樣，看似每顆星星的位置沒有變動，實際上每顆星星都在做著高速的運動。也就是說，每個公司不僅自己內部充滿著運動，互相之間也有互動和配合。

為了使企業的流程得到改善，或者說為了使企業流程卓越，卡普蘭和諾頓還將學習與成長這個層面從無形資產的角度劃分為3類，分別是人力資本、資訊資本、組織資本。無形資產本身並不能創造價值，無形資產要想為企業創造價值，必須和企業選定的關鍵戰略流程進行配合。也就是說，為企業創造價值的是平衡計分卡裡的第三個層面「企業內部流程」。

如果說從學習與成長這個層面劃分無形資產是「術」，那麼孫正義在軟銀堅持的則是更接近本質的「道」——留下學習與進化的DNA。「我最重要的工作不是賺多少錢，實現今年的全年目標，而是為未來的軟銀設立發展的方向、組織架構觀念、經營哲學，以及能夠催生這些東西的DNA。」

孫正義認為，一家存活300年的「老店」，不僅需要度過眼下的困境，還需要面對未來各種各樣的挑戰，而很多未來的挑戰是無法預料的，唯一的辦法就是留下學習和進化的DNA。

就像達爾文的「進化論」一樣，一個成功的企業也要有隨著時代變革去改變自身的能力與勇氣。一個世代的改變叫作學習，譬如孫正義領導軟銀期間做出的各種轉變，而跨世代之間的變化叫作進化，譬如下一屆領導者順應時代改變孫正義曾經實行的某些政策。

實現企業的跨世代進化，長續地創造價值，需要從動態的角度繪製戰略地圖：

1.確定股東價值差距（財務層面），比如說股東期望5年之後銷售收入能夠達到5億元，但是現在只達到1億元，距離股東的價值預期還差4億元，這個預期差就是企業的總體目標。

2.調整客戶價值主張（客戶層面）。要彌補股東價值差距，要實現4億元銷售額的增長，應對現有的客戶進行分析，調整客戶價值主張。

3.確定價值提升時間表。針對幾年實現多少億元股東價值差距的目標，要確定時間表，第一年提升多少，第二年、第三年提升多少，進而將提升的時間表確定下來。

4.確定戰略主題（內部流程層面），要找關鍵的流程，確定企業短期、中期、長期分別做什麼事。

5.提升戰略準備度（學習和成長層面）。分析企業現有無形資產的戰略準備度，具備或者不具備支撐關鍵流程的能力；如果不具備，找出辦法來予以提升。

6.形成行動方案。根據前面確定的戰略地圖以及相對應的不同目標、指標和目標值，制訂一系列的行動方案，配備資源，形成預算。

Soft Bank

第十二章 當你開始關心財富，就沒有了一切

我不數錢，我也沒看到錢，我不知道做世界首富的感覺，錢並不是我在這個行業工作的目的。真正讓我非常興奮的是進入互聯網這個革命性的行業，因為它會改變整個世界並且能夠改變人們的生活方式。

不要為了金錢做事

如今，購物的快感對於我來說已經下降到零了，物質不會對我產生影響。我的一天也是24小時，金錢並不能讓我快樂，所以我做事也不會為錢。

我希望能夠把我們全世界的800多個網路公司，做成互幫互助的一些公司。麥當勞、可口可樂、強生、美國運通等，這些公司巴菲特先生都很瞭解，我的焦點也是一樣的，也就是說我必須瞭解它，也就是網際網路，我瞭解網際網路，給21世紀的人們改善他們的生活方式。

2010年6月25日，孫正義在東京國際論壇舉行「新30年願景」發佈會。孫正義在演講中的一句話讓聽者感動：「我只想真正做一些造福人類的事情。」

曾經有人問孫正義，他是什麼時候開始立下志向的，他說最初的動力源自於樸實、直觀的刺激，看到父母的忙碌、奶奶的辛苦，他才暗自下決心要努力奮鬥，改變生活，讓家人過上好日子。可以說，「賺大錢」是孫正義年少時最直接的拚搏動力。

在取得成功之後，一個人就不能將賺錢作為自己的人生終極追求，不是因為不需要錢，而是一旦過度關注金錢，你會發現自己容易為財富束縛，心裡並不快樂，也會失去方向。

事實上孫正義在物質上的要求也的確不高。在雅虎BB業務的推介會上，孫正義說：「我今天這身衣服是優衣庫的Polo衫。」一瞬間就將自己與觀眾的距離拉近了，日本首富也穿優衣庫平價衣服。

那麼，企業家的真正財富究竟是什麼呢？

先看看洛克菲勒是怎麼做的。

洛克菲勒自小生活貧寒，甚至撿過破爛，後來靠石油投資立業致富。鼎盛時期，他的財富曾經達到美國國民財富的1/47；20世紀初美國經濟大蕭條時期，聯邦政府還曾經向他借過錢。

可他並沒有因巨富而改變自己的平民生活本色：在出差與旅行中，他總是選擇坐飛機的經濟艙，住一般旅館。而與他不同的是，他的兒子選擇坐頭等艙、住豪華旅館。這種反差讓人奇怪，於是有人問他這是為什麼。他的回答是：「因為他的父親是個富人，而我的父親是個窮人。」

企業家的真正財富並不是貨幣累積，而是精神財富！

企業家的真正財富，不是表面金錢化的貨幣累積，而是由其信念、道德、品質、態度、方法及其實踐整合成的內在精神財富。憑藉自己的精神財富，很多企業家儘管出身貧寒，可能受正規教育也不多，創業資本多數有限，但善於識別機會，敢於實踐，大膽挑戰，才成就了日後的事業。

真正的企業家財富更多的是精神層面的力量。個人是這樣，對於社會也是這樣。

孫正義比其他大部分CEO更強的地方不是智商，不是眼光，不是技術，而是他能做到不為錢做事業，不把賺錢作為軟銀的第一目標。即使孫正義賺了很多錢，比其他一心賺錢的人都賺得多得多，但這只是一個結果，它不是孫正義追求的目標。

2014年4月4日，一家名叫伏牛堂的湖南米粉站的成立，藉著「北大法學碩士賣米粉」的噱頭，創始人張天一成了90後創業的代表，在網路上引起了眾人的追捧。

回憶起創業初的辛酸，張天一說：「現狀看來比較風光，但不妨把鏡頭倒回3個月前，看看我們的苦逼歲月。我們是怎樣開始的，以及我們為什麼要賣米粉。

「說到賣米粉，這個話題非常沉重，因為就在半年前，我還是一個應屆畢業生，面臨著找工作的問題，從來沒想過創業。我學金融法，工作去向很窄，苦逼的人去金融街，牛逼的人去投行。所以找工作時，我產生了兩個困惑。

「第一，所有人都去投行搞金融，誰來搞實體？投行的錢投給誰？我發現現在不是項目招投資人，而是投資人追著項目跑，錢沒地方去。

「第二，當所有人都去擠僅有的幾個選擇時，卻有大把的工作沒有人做。這就像我每天去伏牛堂上班，路過國貿時的一個場景：三環路上永遠在堵車。國貿是個好地方，大家都想去，可更有可能的結果，不是大家都到了這個好地方，而是都堵在了通往好地方的路上。」

每個人都奔著錢去的話，顯然是做不好事情的。做事情可以賺錢，但初衷絕不能是簡單的賺錢。張天一的創業向我們傳遞一個訊息：一件再小的事，只要肯用心去做，做一輩子，最後都會實現你的個人價值和社會價值。

如今，伏牛堂的團隊成員從原來的4個人變成了現在的14個人，場所由最早的30平方米（9坪）變成了現在的180平方米（54坪）。短短3個月，人員增加了將近3倍，場地面積增加了將近6倍。目前看來，伏牛堂是一個非常有前途的企業。

「貪字最後得個貧」，功利心太重只會讓你在金錢面前迷失方向，最後一無所有。用馬雲的話說就是：「因為我自己堅信，如果一個人腦子裡就想賺錢的話，他腦子裡想的是錢，眼睛裡是日圓、港幣，講話全是美元，沒人願意跟你這樣的人做生意的。」

慈善「兩層論」：滿手好事，量力而行

100億捐完了，我的工資和董事長紅利都在裡面了。

孫正義十分認同石油家族小約翰．洛克菲勒的一句話：

我堅信，每項權利都包含著義務；每個機會都包含著責任；每份財物都包含著職責。

一般人都說白手起家的富翁比較「摳門」，但孫正義不是暴發戶嘴臉，而是對慈善事業有著極大的熱情。孫正義曾發佈推文宣佈，未來自己將不拿一分錢的工資，全部捐給受到日本福島大地震影響的災區，而且還給受到颶風影響的美國災區捐款。

滿手好事，拋撒出去就是一天下的好事。活著應該讓別人因為我們活著而得到益處。學會分享、給予和付出，我們會感受到捨己為人、不求任何回報的快樂和滿足。這樣的幸福猶如香水，不可能灑向別人而自己卻不沾幾滴。

但是慈善也極容易走入「道德綁架」的迷思。「他都這麼有錢了，才捐這一點」，「我比他捐得多，這樣有面子」，這些話都是我們耳畔常聽到的。慈善經過媒體渲染後，會染上作秀的色彩，捐的方式、數目、早晚等，都是人們口中臧否捐款者道德水準的談資。

孫正義不贊同這樣的做法。

在他看來，慈善分為兩層，第一層屬於個人層。做慈善是一件很私人，甚至很隱私的事。雖然孫正義有時候會公佈自己做慈善的消息，但是不具名的慈善無疑更多。所以說，慈善是心意，而不是求名聲的工具。此外，捐得多與少都是平等的，不能說捐得多的人就道德高尚。所以，慈善歸根究柢是一件個人量力而行的人道主義行為。

下面這個故事可以很好地說明這一點：

一年春天，小男孩的母親在院子裡種了一棵菊花。3年後的秋天，小小的院子變成了一個菊花園，金黃的花朵簇擁著次第開放，整個小山村都散發著濃濃的芳香。

母親整日敞著院門，守在門邊看見過往的鄉鄰就熱情地招呼或邀他們進來坐坐，以便讓滿院的菊花吸引來更多的目光。於是，小小的山村彷彿也在秋天美麗起來，母親的臉上閃爍著金色的微笑。

終於，有人開口了，向母親要幾株菊花種在自家院子裡，母親答應了。她親自動手挑揀開得最鮮、枝葉最粗的幾株，挖出根鬚送到了別人家裡。消息很快傳開，前來要花的人接連不斷。在母親眼裡，這些人一個比一個知心，一個比一個親近，都要給。不多日，院裡的菊花就被送得一乾二淨。

沒有了菊花，院子裡就如同沒有了陽光一樣落寞。

秋天最後的一個黃昏，兒子陪母親在院子裡散步。突然，就想念起滿院的菊香來。母親輕輕拉過兒子的手，說：「這樣多好，3年後一村子的菊香！」

一村菊香！兒子不由心頭一熱，重新打量起母親來，她的白髮增添了許多，而臉上的皺紋宛若一瓣瓣菊花生動感人。

有了美好和幸福，不是獨自一個人享受，而是和大家共用，把美好和幸福分送給每一個人，直至大家人人都有一份。不要怕最後自己變得一無所有，其實這種一無所有才是真正的擁有。

有時候，我們只是給予了別人一顆善心，卻能夠得到對方感恩的回饋。愛心沒有早晚。擁有它的人，既贈予他人幸福，又讓自己從容而無悔。

慈善的第二層屬於企業層。企業形式的慈善不是一個空的概念，也不單純局限於捐款、捐物，而是與企業的價值觀、用人機制、商業模式等息息相關。做企業賺錢，許多人都這麼想，但這不是最重要的目的。讓員工快樂地工作、成長，讓使用者得到滿意的服務，讓社會感覺到企業存在的價值，這才是企業責任所在，至於賺錢和社會回報，那是水到渠成的事。

找到事業與愛情的「黃金分割點」

幸福婚姻並不是自然而然就有的，它是需要努力去創造、經營的。

雖然在現實生活中，有一些事業、愛情雙豐收的「人生勝利組」，但其實在更多人眼中，事業和愛情就像魚和熊掌，不可兼得。因為一旦一方將大量時間用在事業上，另一半很可能就會因為缺少陪伴之類的原因，逐漸和對方產生疏離感，嚴重時甚至會導致感情破裂，走向婚姻的盡頭。

在外界看來，孫正義是個經營企業的高手，這是不爭的事實，其實他還是個經營愛情和婚姻的高手，他和妻子大野優美自17歲在美國時認識，21歲與優美在大學裡結婚，婚後兩人一起經歷過居無定所的苦日子，到如今成為「日本最富家庭」，孫正義始終和優美相濡以沫，羨煞旁人。

孫正義平時忙於事業，幾乎沒有時間陪伴妻子，到底是如何做到與妻子相識相愛40年如一日？對此，孫正義給出的答案是「經營」。美好的愛情從來都需要雙方的努力經營，不會天然地存在長久的美好愛情。

美國作家彼得森說過：「幸福婚姻並不是自然而然就有的，它需要努力去創造。」同樣，作家柏楊也有句經典的話：「妻子不貞，丈夫有一半責任。丈夫不貞，太太也有一半責任。如果把對方逼得落荒而逃，責任就更大。」從兩人的話語中，我們能夠感悟到：一段幸福的婚姻，是兩個人共同經營的結果；一段不幸的婚姻，是兩個人親手埋葬的結果。在對婚姻的忠貞方面，雙方都有一定的責任去維護兩個人的感情。

婚姻作為保護兩人感情的合法手段，它是一種生活感受，一種生活方式。雙方擁有良好的心態，婚姻才能幸福。有智慧、健康心態的人能夠營造幸福的婚姻，而幸福的婚姻同樣影響著對人的塑造。有人說婚姻能使一個人開始新的人生，也有人說，一個人生命中最重要的莫過於婚姻了。甜蜜與憂傷，忍耐與欣慰，獲得與失去，往往在婚姻中血肉相連，互生互長，無法割裂。

經營愛情的要義是什麼？在孫正義看來，就是寬容和妥協。

當初孫正義和優美剛剛在一起時，孫正義很會照顧同樣身在異鄉的優美，而當孫正義花費3個星期衝刺美國大學考試時，優美又反過來照顧孫正義。

當然，二人也有不和諧的時候，也發生過一些小插曲。當時孫正義和優美約定在1978年9月23日那一天結婚，但是孫正義因為忙於工作，忘記了去法院登記的事情。結果當孫正義想起來的時候，已經是傍晚時分。而就在孫正義見到等了一天的優美，準備挨罵的時候，優美卻只是告訴他下次一定要記住「重要的事」。在婚後的生活中，孫正義完全被軟銀拖住，但是優美依然無怨無尤，一心操持好家庭，這也是孫正義事業能夠如此成功的一大原因。

每個人由於出身、成長經歷、教育程度等方面的不同，自然會形成不同的性格。就像樹上沒有兩片相同的樹葉一樣，世界上也不會有完全相同的人。那麼，面對與自己衝突的地方，一定要懂得包容，否則即使能夠強行忍耐一段時間，也總會有爆發的一天。

如何經營一段美滿的婚姻，分解開來看，有以下幾點值得關注：

1. 婚姻的幸福與不幸，是依靠兩個人來維繫，而不是單方的付出。當我們進入婚姻，就應該悉心呵護愛與夢的花果，這是每個人一生的功課。在做這項功課時，我們應該學會彼此欣賞、彼此尊重、彼此疼愛、彼此理解、彼此人格獨立。

2. 幸福的婚姻緣自相互欣賞。努力去欣賞對方，同時，努力使自己被對方欣賞。愛情的真正魅力在於兩情相悅。欣賞是對對方的一種承認、肯定和鼓勵，必然會使人產生一種滿足感，所謂的瞭解，最大的意義就是肯定、承認、讚美和欣賞。

3. 幸福的婚姻緣自相互尊重。不僅要尊重對方，更要緊的是愛屋及烏，尊重對方的父母兄弟姐妹以及對方的親朋好友。

4. 幸福的婚姻緣自相互疼愛。無論是男人還是女人，都兼有疼人和被人疼兩種需要。夫妻就應該像一雙筷子，生活中的酸、甜、苦、辣、鹹一起品嘗。他（她）下班了，你給他端上一杯茶；你躺在沙發上睡著了，他（她）能輕輕為你蓋上一床被子……

5. 幸福的婚姻緣自相互理解。當你遇到挫折時，他（她）不說一句有損你尊嚴的話；當你意氣用事時，他（她）娓娓解說事理給你聽；當你心情不好時，他（她）絕不和你一般見識；你若開顏他（她）先笑，你若煩惱他（她）先憂，他（她）的歡喜會告訴你，但他（她）的憂愁不會輕易地向你表露；即使你們遠隔千山萬水，他（她）也深信你。

6.幸福的婚姻緣自人格獨立。婚姻是一對一的自由，一對一的民主。不要偏執地認為「你是我的」，那樣就會使自己的愛巢變成囚禁對方的監獄。不要改變自己，更不要試圖去改變對方，而應該各自把自己調整到一個適度的空間，既要相守，也要讓彼此獨處。

扛起企業存在的責任

企業從來就不是企業家個人的，而是屬於社會的。企業家所獲得的一切，包括財富、地位、名聲等，都來自於社會，所以有回饋社會的責任。

我回顧了自己開創事業的初衷，以及自己想做的是什麼。結果是「因為想看到大家的笑臉」。女兒的笑臉、家人的笑臉、員工們的笑臉，最想看到的是顧客們的笑臉。在我所不瞭解的某個偏僻地方，臉上沾滿灰塵的小孩正笑著仰望天空，自言自語地說著：「謝謝！」雖然不知道是對誰說。如果我能做成這樣的事情，那該多好啊。結論還是「自我滿足」。華麗的語言，難懂的口號都不需要。可以讓我變得幸福的路就一條，那就是掀起數位資訊革命，讓更多的人分享智慧和知識。就像今天的推特一樣。

為什麼自己憑雙手賺錢，最後有責任承擔起更多商業外的事務，譬如創造更多的就業崗位，多招聘一些暫時還沒有工作經驗的大學生，等等。

面對這樣的問題，孫正義的看法是：「企業從來就不是企業家個人的，而是屬於社會的。企業家所獲得的一切，包括財富、地位、名聲等，都來白於社會，所以有回饋社會的責任。」

孫正義對於一些商業性不是那麼強的項目往往有很大的興趣，譬如旨在降低日本話費的「自焚事件」，提升寬頻速度的「white plan」等。很多事情都是別的企業家所不願做的或者吃力不討好的，而孫正義一再大包大攬地做，不太像一個「唯利是圖」的商人。這也是為什麼孫正義在日本商界有「瘋子」和「傻子」之稱。

2011年，孫正義又做了一回「瘋子」——他要進軍新能源行業，最終實現消除日本的核電廠這一目的。這種話一出口，就遭到外界的譏笑，因為「消除核電廠」這一目標在日本是不可能實現的。眾所周知，日本是一個自然資源極度匱乏的國家，離開核電，這個國家將會陷入癱瘓。但是孫正義不依不饒，下決心一定要將核電從人們的生活中逐漸分離，最後讓日本民眾用上最安全、便宜的新能源。

當民眾問起孫正義為什麼要這樣做的時候，原因是「福島核危機」。發生於2011年3月11日的福島核洩漏事件無疑是日本人的傷痛，但民眾在傷痛之餘很少想到要在未來廢除核電廠，孫正義作為一家上市公司的負責人，竟然這樣「冒冒失失」地做出決定，實在是不可思議。

不過就在人們將信將疑之際，孫正義這個「行動派」已經開始動手了。

孫正義在福島核危機爆發後組建了軟銀的自然能源財團。利用財團的雄厚實力，孫正義計畫投資數千億美元在日本建設10座大型太陽能發電站。孫正義提出與政府合作的一系列計畫：日本政府將廢置的54萬公頃農田重新規劃，並劃撥給軟銀作為建設發電站的用地，日本3/4以上的地方政府力挺這一計畫，方式就是優先購買太陽能發電站的電力，而且希望與10家大型公共事業單位簽訂用電條約。

2014年6月16日，軟銀集團旗下專門從事可再生能源開發工作的Soft Bank Energy（簡稱SB Energy）公司宣佈：SB Energy將在日本富山縣富山市的中町建造一家太陽能發電廠。根據專案規劃書，這座太陽能發電站的設計發電量為2800千瓦／時，預計佔地面積為4.92萬平方米。以2800千瓦／時的裝機容量計算，這家發電站每年發電將超過270萬千瓦。

除了這座太陽能發電站外，孫正義在2014年9月公佈了另一項計畫，軟銀集團旗下的SBEnergy公司將在日本廣島建設一座5.8兆瓦太陽能發電站。這座巨型發電站將佔地超過10.1萬平方米，同時完善周邊配套設施，如醫院、民居、商店等，打造一體化的「軟銀廣島SeraTown太陽能園區」。發電站計畫2017年2月正式投產，發電量大約是6275兆瓦，可以提供至少1700戶四口之家的一年家庭用電。

企業存在即是一種社會需要，孫正義認為企業為社會創造的價值主要體現在3個方面：財富價值、物質價值、精神價值。

論及企業的財富價值，首先就是企業對國家繳納的稅收；其次，企業的財富價值還體現在創造就業上，企業招進員工，員工為公司創造價值，企業對員工給予報酬，這樣有助於穩定社會環境。

企業家最稀缺的資源應該是把所有的錢用於擴大自己的經營，增加就業機會。如果企業家到了六、七十歲，也像李嘉誠、巴菲特那樣把自己的錢捐出去，這是一種回報社會的方式，但是從另一角度來看，創造優秀的服務、優秀的產品，能夠創造更多的就業機會，讓更多的人有工作，在社會上生存，同樣是至關重要的。

企業的第二種價值是物質價值，即企業生產的產品。

企業能創造的最高價值便是精神價值。精神價值也被稱作企業文化，存在於社會生產的每個環節，是企業的精髓。

財富價值是外在體現，物質價值是產品也是實現其他價值的手段，而精神價值才是企業家的終極追求。

第十二章
當你開始關心財富，就沒有了一切

國家圖書館出版品預行編目資料

投資夢想 創兆未來 孫正義的創投人生 / 秦商書 作
-- 一版. -- 臺北市：廣達文化, 2015.6
面 ; 公分. -- （文經書海：84）
ISBN 978-957-713-569-8(平裝)
1.孫正義 2.傳記 3.創業投資

563.5 104008270

書山有路勤為徑
學海無涯苦作舟

投資夢想 創兆未來
孫正義的創投人生

作　者：秦商書
叢書別：文經書海 84
出版者：廣達文化事業有限公司

文經閣企畫出版
Quanta Association Cultural Enterprises Co. Ltd
編輯執行總監：秦漢唐

通訊：南港福德郵政 7-49 號
電話：27283588　傳真：27264126

E-mail：siraviko@seed.net.tw
www.quantabooks.com.tw

製　版：卡樂彩色製版印刷有限公司
印　刷：卡樂彩色製版印刷有限公司
裝　訂：秉成裝訂有限公司

代理行銷：創智文化有限公司
23674 新北市土城區忠承路 89 號 6 樓
電話：02-2268-3489　傳真：02-2269-6560

一版一刷：2015 年 6 月
定 價：320 元

書山有路勤為徑
學海無涯苦作舟

書山有路勤為徑
學海無涯苦作舟